SV

Bibliothek Suhrkamp

Ludwig Hohl gilt als Geheimtipp der Schweizer Literatur. Am 9. April 1904 im Glarner Netstal als Sohn eines Pfarrers geboren, begab er sich nach Schulabbruch 1924 zuerst nach Paris, dann nach Wien und Den Haag, wo in äußerster Einsamkeit sein monumentales *Notizenwerk* entstand. Nach der Rückkehr in die Schweiz bezog er ab 1937 festen Wohnsitz in Genf und wurde – nicht zuletzt aufgrund seiner radikalen Lebensweise – zu einer Projektionsfigur für viele Autorinnen und Autoren: zu einem *writer's writer*. Eine jahrelange Rechtsstreitigkeit mit dem Artemis-Verlag erschöpfte jedoch seine Kräfte. In der zweiten Lebenshälfte zehrte Hohl vornehmlich noch von seiner Legende. Wenige Jahre vor seinem Tod am 3. November 1980 erschien im Suhrkamp Verlag dann die lang erwartete Meister-Novelle *Bergfahrt*, für die Hohl den Petrarca-Preis erhielt. Die Laudatio hielt Peter Handke.

1949 versandte Ludwig Hohl den *Bericht über Artemis. Meine durch den Artemis-Verlag geschaffene Lage* an über 100 zugewandte Autoren, Redaktionen, Vertreter des Literaturbetriebs und Behörden. Geschildert wird ein mehrjähriger Streit zwischen Hohl und seinem Verleger über die Publikation des zweiten Bands seines Hauptwerks *Die Notizen oder Von der unvoreiligen Versöhnung*. Der Bericht schlug Wellen, und es gelang, einen juristischen Prozess anzustrengen, den Hohl letztinstanzlich gewann.

Der *Bericht über Artemis* ist von einer seltenen sprachlichen Durchschlagskraft. Er ist eine genuin literarische Waffe eines Autors im aufwühlenden Kampf um sein Werk.

Ludwig Hohl
Bericht über Artemis
(Meine durch den Artemis-Verlag geschaffene Lage)

Mit einem Nachwort von
Sandro Zanetti

Herausgegeben im Auftrag der
Ludwig Hohl Stiftung von
Bettina Mosca-Rau

Suhrkamp Verlag

Klimaneutral
Druckprodukt
ClimatePartner.com/14438-2110-1001

Erste Auflage 2023
Originalausgabe

Umschlaggestaltung nach einem Konzept von Willy Fleckhaus
Satz: Satz-Offizin Hümmer GmbH, Waldbüttelbrunn
Printed in Germany
ISBN 978-3-518-24380-0

www.suhrkamp.de

Bericht über Artemis

I – Vorgeschichte

Am 23. Juli 1943 ist ein Verlagsvertrag zwischen dem Morgarten-Verlag, Zürich, und mir unterzeichnet worden. Dieser Vertrag betrifft direkt zwei Werke, *Nächtlicher Weg* und mein aus zwölf Teilen bestehendes Hauptwerk *Die Notizen oder Von der unvoreiligen Versöhnung*, verpflichtet aber außerdem mich, den Autor, »für die Dauer der nächsten 8 (acht) Jahre ... alle seine Werke ... immer zuerst und ausschließlich dem Morgarten-Verlag anzubieten«.

»Der Verlag verpflichtet sich, stets innerhalb 3 (drei) Monaten vom Tage des Erhaltes eines neuen Manuskriptes an, eine Entscheidung über Annahme oder Ablehnung dieses Werkes zu treffen. Arbeiten, welche der Verlag ablehnt, fallen dem Autor zur freien Verfügung zurück, ohne dass der vorliegende Vertrag im übrigen geändert oder aufgehoben wird.«

Nächtlicher Weg ist vertragsgemäß im Herbst 1943 im Morgarten-Verlag erschienen. *Die Notizen* sollten »in 2 (zwei) Bänden herausgegeben werden. Der erste dieser beiden Bände ... ist auf das Frühjahr 1944 geplant und der zweite auf den Herbst 1944.«

Nun trat aber (um die Jahreswende 1943/44, ganz kurz nachdem *Nächtlicher Weg* erschienen war) etwas völlig Unvorhergesehenes ein. Die beiden Leiter des Morgarten-Verlags, die Herren Edmond BUCHER und Dr. Friedrich WITZ, hatten diesem Verlag – bzw. der Firma Conzett &

Huber, von welcher der Morgarten-Verlag eine Abteilung ist – plötzlich und gleichzeitig ihre Demission eingereicht, um an die Spitze eines ebenso plötzlich vorhandenen neuen, eines »eigenen« Unternehmens zu treten, der ARTEMIS VERLAGS-AKTIENGESELLSCHAFT (Zürich); und sie legten mir dringend nahe, doch wenn immer möglich als Autor ihnen nachzufolgen, d. h. zu versuchen vom Morgarten-Verlag loszukommen (– es werde sich gewiss irgendwie ermöglichen lassen!), um Autor des Artemis-Verlags zu werden.

Dieses Ansinnen, welches vorerst befremdend tönen mag, ernstlich zu erwägen, hatte ich folgende Gründe: Meine Verbindung mit dem Morgarten-Verlag hatte von Anfang an ausschließlich auf der Verbindung mit den genannten beiden Personen geruht; alle Verhandlungen hatten mit ihnen stattgefunden, sie hatten mein Vertrauen gewährleistet, sie *repräsentierten* eigentlich für mich den Verlag – welcher durch ihr gemeinsames Ausscheiden mir nur noch ein Name geworden war, sozusagen ein leeres Haus, oder doch ein Haus mit unbekanntem Inhalt (so hatte ich beispielsweise den Gesamtleiter von Conzett & Huber überhaupt noch nie gesehen). Der neue Verlag nun versprach nicht nur, den Vertrag vollgültig zu übernehmen; sondern darüber hinaus machte er mir Versprechungen, dunkle und helle, die außerordentlich verheißungsvoll waren. Wohl hätte ja das Werk *Die Notizen* auch im Morgarten-Verlag noch erscheinen müssen (*und wäre ohne Zweifel vertragsgemäß auch erschienen*); aber der neue Verlag schien nicht nur für ein richtiges Herausgeben des genannten Werks eine mindestens gleich große Gewähr zu bieten, sondern außerdem noch eine sichere Gewähr für das Übernehmen weiterer Werke von mir (was ich vom Morgarten-Verlag nicht zu erhoffen wagte) und somit für die Pflege, die verlegerische Betreuung meines Gesamtwerks. (Redete doch Dr. Witz auch davon – die gesamte Auflage von *Nächtlicher Weg* vom Morgarten-Verlag zu übernehmen war ohnehin eine beschlossene Sache –, vom Verlag Oprecht die Verlagsrechte des viel früher erschienenen Buches *Nuancen und Details* zu erlangen zu trachten.)

»... ich kann mir persönlich wahrhaftig nichts Gewichtigeres und für das Geburtsjahr unseres Verlages Wertvolleres vorstellen, als gerade das zu schaffende Buch von Ludwig Hohl *Die Notizen*«, schrieb mir beispielsweise damals Dr. Witz. War Schwärmerei bei der Unternehmung? Erkundigungen bei informierten Drittpersonen ergaben, dass sie die Ausführung großer Pläne sehr wohl ermöglichten. Groß waren diese Pläne, hochfliegend! Der Artemis-Verlag wollte etwas werden, das alle ähnlichen Unternehmungen der Schweiz in den Schatten stellte. Dr. Witz redete mir etwa so: er fühle sich wie neugeboren – oder endlich geboren. So lange müsse man in einem Leben warten, bis man zu der Realisierung seiner Träume gelange! – Kräftige Unterstützung in den Bemühungen, vom Morgarten-Verlag loszukommen, wurde mir zugesagt:

»Aus dieser Erklärung dürfen Sie herauslesen, dass es unserem jungen Verlag nicht am ernsten und aufrichtigen Willen fehlt, die allenfalls beim Morgarten-Verlag auftauchenden Widerstände unter Verwendung aller verfügbarer Mittel zu brechen.« (Gez.: F. Witz)

(Es versteht sich von selbst, dass keine *rechtlichen* Mittel zu Gebote standen, mich aus der vertraglich festgelegten Bindung an den Morgarten-Verlag zu lösen; es konnte nur gehofft werden, ihn zu einem *freiwilligen* Verzichten auf seine Rechte zu bringen.)

Nach gründlicher Prüfung der dargelegten Umstände entschloss ich mich zu diesem Schritt – dem Verlagswechsel (und genauer heißt das, vorerst zu versuchen, vom Morgarten-Verlag loszukommen, was dann zwar gelang, jedoch nach einem langwierigeren Kampfe, als vorausgesehen worden war): Ich meinte nicht anders handeln zu dürfen in dem Interesse, dem alle andern Rücksichten hintangestellt werden mussten: dem Interesse meines Werks. – Eine Persönlichkeit des eidgenössischen Departments des Innern, welche sich seit Jahren tatkräftig für meine Sache eingesetzt hatte, bestärkte mich in meinem Entschluss. Dasselbe taten alle meine Freunde und Bekannten, die Einblick in die Verhältnisse hatten.

Wer hätte mir damals sagen können, in welches eigentliche Verhängnis hinein dieser Schritt mich führte?

II – Antizipierende Zusammenfassung

Bevor ich die einzelnen Etappen fixiere, die aus dem Sicheren ins Schwankende und schließlich in die Stagnation, in Sumpf und Dreck hinein führten, als was ich meine jetzige Lage bezeichnen muss, diese kurze Zusammenfassung:

1) Der Artemis-Verlag hat meinen mit dem Morgarten-Verlag bestehenden Vertrag vollgültig übernommen und

hat den ersten Band meines Hauptwerks *Die Notizen* (enthaltend die Teile I-VI) im Herbst 1944, das heißt mit einem halben Jahr Verspätung, herausgegeben. Der zweite Band ist nicht erschienen bis auf den heutigen Tag.

2) Gemäß den schon erwähnten Paragraphen meines Vertrags (s. S. 1) [hier S. 7] habe ich dem Artemis-Verlag am 21. Oktober 1947 das Manuskript eines weiteren Werkes eingereicht (»Nachnotizen«, 332 S.). In dem erwähnten Paragraphen steht, dass der Verlag verpflichtet ist, in einem solchen Fall *innerhalb von drei Monaten* seine Entscheidung über Annahme oder Ablehnung zu treffen. *Der Artemis-Verlag hat das Manuskript behalten bis zum heutigen Tag ohne irgendetwas zu antworten.*

3) *Der Artemis-Verlag gibt meine Werke nicht heraus; aber er blockiert sie.*

4) Ich habe die Sache zum ersten Mal einem Rechtsanwalt übergeben am 16. Januar 1946, also vor fast drei Jahren, und ihm meinen festen Willen kundgetan, gegen den Artemis-Verlag, falls er auf seinem Standpunkt beharre, gerichtlich vorzugehen. Ich habe die Sache später nacheinander noch zwei weiteren Verteidigern übergeben (welche ich natürlich nur wählen konnte innerhalb der durch meine ökonomische Lage vorgeschriebenen Möglichkeiten; sie erlaubte mir nicht, einen großen oder kleinen Vorschuss für die Prozessführung zu leisten, ja, jahrelang nicht einmal, nach Zürich zu fahren). *Zu einem Prozess gegen den Artemis-Verlag ist es, trotz meiner nie schwankenden Ent-*

schlossenheit dazu, nicht gekommen bis auf den heutigen Tag.

*

Details werden anhand der chronologischen Darstellung folgen. (– wie der Verlag eines Tages herausgefunden hatte, der Vertrag sei durch mich gebrochen worden! Oder, Dritten gegenüber geäußert: ja, wenn Hohl dem Verlag 5000 Fr. zahlen könnte… Oder auch: der Text des zweiten Bandes sei nicht druckreif; – wobei ja über all dem auch ein halb Blinder die *wirklichen* Motive der plötzlich geänderten Einstellung sehen müsste…)

Der Artemis-Verlag gibt also meine Werke nicht heraus; aber er blockiert sie: Zwar besteht ein Vertrag; wirkend aber erweist er sich nur insofern, als er seit Jahren verhindert, dass irgendein Buch von mir herauskommt. Oder wie hätte ich mit einem andern Verlag Verbindung suchen können? (Abgesehen von der *Die Notizen* betreffenden Tatsache, dass kaum je ein Verleger nur den zweiten Band eines einheitlichen Werkes drucken will.) Gültig ist also dieser Vertrag seit langem nur noch für mich, indem er mich bindet; Artemis dagegen darf sich erlauben, was sie will.

Es sind vier Jahre her, seit der erste Band von *Die Notizen*, welcher etwas weniger als die Hälfte des Textes enthält, erschienen ist. Seither ist kein Buch von mir mehr erschienen. (Der druckfertige Text des zweiten Bandes ging in einzelnen Lieferungen zwischen November 1944 und Sommer 1945 an den Verlag ab, die letzte Lieferung erfolgte am 6. Juli 1945. Ein Teil des Textes – 120 von den 512 Manuskriptseiten – war schon gesetzt worden und alles zusammen lässt Artemis seither modern.)

Die Tatsache nun, dass während so langer Zeit keinerlei Buch von mir mehr in die Welt getreten ist – im Besonderen aber, dass trotz der öffentlich gemachten Ankündigungen der zweite Band von *Die Notizen* immer und immer nicht erschienen ist und dass somit die Publikation des Werks, das ich für mein wichtigstes halte, als Ganzes immer noch (da zwar begonnen, aber vor der Mitte abgebrochen) eine gleichsam ungeschehene, eine in der Luft stehende, im quälend Ungewissen schwebende Sache bleibt,

(– und man hatte mir indessen versprochen das ganze Werk herauszugeben, an jenem 23. Juli 1943, nachdem ich schon fast sieben Jahre gewartet hatte! Man hatte es mir nicht nur versprochen, sondern rechtlich zugesichert und ich hatte den Vertrag in der Tasche!)

– diese Tatsache hat die Lage geschaffen, die ich oben schon als für mich eigentlich verhängnisvoll bezeichnet habe. Dies ist sie in ihrer Wirkung auf meine gegenwärtige Existenz – und fast für mein Leben. Und zwar muss diese Lage betrachtet werden in dreifacher, nämlich

a) in materieller
b) in gesellschaftlicher
c) in psychisch-geistiger Hinsicht.

a) *In materieller Hinsicht*: Da ich »freier Schriftsteller« bin, nie einen andern Beruf hatte und auch ganz und gar nicht Journalist bin, hängen meine Stellung in der Welt und die damit verbundenen Einkünfte ausschließlich davon ab, dass Bücher von mir erscheinen. Es sind nicht die Manuskripte (und möchten sie das Werk eines Montaigne enthalten!), die einen in den Augen der Welt zu einem Schriftsteller machen, sondern die *gedruckten Bücher*! Nur diese betrachtet die Welt als *Werke*. – Liegen nun keine solchen vor, oder erscheinen längere Zeit keine mehr (denn man wird rasch vergessen), so fehlt einem Schriftsteller der Titel, der ihm erlaubt von der Welt jene Einkünfte zu erhoffen oder zu erzwingen, die genau genommen nichts anderes sind als ein *indirekter Ertrag seines Werkes*, d.h. ein Ersatz für die in einem Fall wie dem meinigen immer ausbleibende unmittelbare Bezahlung einer langen Arbeit. (Jeder nur ein wenig Sachkundige weiß, dass die direkten Einkünfte, d.h. die Prozente aus dem Buchverkauf bei Werken von der Art der meinigen, und solange diese nur in der Schweiz verkauft werden, überhaupt nicht der Erwähnung wert sind.) Die erwähnten Einkünfte bestehen zum geringsten Teil in Honoraren der Zeitungen und zum größten Teil in Subventionen von verschiedenen Stiftungen oder ähnlichen Institutionen, auch in halbprivaten oder privaten finanziellen Zuwendungen. In den drei Jahren 1942-1944 betrugen die Einkünfte dieser Art für mich 7280 Fr. In den folgenden 3 Jahren blieben sie – abgesehen von einer im Frühling 45 noch erfolgten Schenkung von 1000 Fr., die im engsten Zusammenhang stand mit der erhofften Publikation des zweiten Bandes von *Die Notizen* – fast vollständig aus. Und die Honorare von Zeitungen und Zeitschriften – denn auch da bedarf es, um in einem Fall wie dem meinigen zu Abdruck zu ermutigen, der Sensation des erscheinenden Buches – gingen beispielsweise im Jahr 1946 auf insgesamt 218 Fr. hinunter! Subventionen (abgesehen von 300 Fr., die mir der Schriftstellerverein in einem besonderen Notfall zukommen ließ) waren mehr als drei Jahre lang *nicht mehr* zu erlangen. (Die genaue Parallele dazu, welche keines Kommentars bedarf: Mein erstes Buch war 1939, zwei kleine Bände im Selbstverlag 1942 und 1943, *Nächtlicher Weg* 1943 und der erste Band *Die Notizen* 1944 erschienen, also 5 Bücher innerhalb von fünf Jahren: Und kein Buch mehr innerhalb der folgenden vier Jahre.) Ich war somit fast ausschließlich auf die unter jedem Lebensminimum stehende und infolge der Teuerung längst almosenartig gewordene finanzielle Leistung angewiesen, die meine Familie für mich aufbringt. Was das für Wirren, für Lahmlegungen der Tätigkeit mit sich brachte, will ich nicht ausmalen …

Der materielle Schaden, der mir daraus erwachsen ist, dass der Artemis-Verlag im Ganzen mein Werk blockiert hält (und im Besonderen, nicht einmal den angekündigten Band herausgegeben hat), ist während dreier Jahre auf mindestens 2000 bis 2500 Fr. pro Jahr zu schätzen.

b) *In gesellschaftlicher Hinsicht*: Meine Leser aber – deren, wie sich manchmal überraschenderweise zeigt, im Verborgenen doch schon eine Anzahl existieren müssen –, die ich nicht aufklären kann (und der Verlag hütet sich, sie aufzuklären!) und die den angekündigten zweiten Band erwarteten, nehmen an, entweder, der zweite Band sei nicht druckfertig geworden, oder, nicht vorhanden gewesen, oder, der Verfasser sei seiner Sache unsicher, sei kleinmütig geworden!

Denn was sich der so großartig literarisch sich gebärdende Artemis-Verlag mir gegenüber erlaubt, das ist so unglaubwürdig, dass jedermann, der mich nicht gut kennt und dem ich es erzähle ohne es durch Akten zu belegen, mich für in einer Wahnidee lebend hält; was ich erzähle, scheint einem schlecht gebauten phantastischen Roman entnommen. (Immer wieder muss ich Worte wie diese hören: »Aber Sie haben doch einen Vertrag? – Gibt es kein Recht? – Oder haben Sie keinen Vertrag?«)

c) *In psychisch-geistiger Hinsicht*: Jeder dieser Regionen Kundige weiß, dass ein literarisches Werk nie ganz *geschehen* ist, solange es nicht gedruckt ist; es arbeitet weiter – der Geist kommt nicht von ihm los. Das gilt allgemein – aber in besonders hohem Maße, wenn, wie in meinem Fall, es sich so ganz und gar nicht um ein Nebenwerk, irgendein Werk unter vielen, und etwa ein kleines Stück von der Geschlossenheit einer Novelle handelt, sondern um ein Werk von der Form, den Ausmaßen und der für den Autor zentralen Bedeutung wie *Die Notizen*. – Da nun der Geist nicht *loslassen* kann – indem er immer wieder tausenderlei Einzelheiten neu abwägen, in Frage ziehen muss –, wird er auch nie wirklich frei, sich anderem zuzuwenden, und kann in gewissem Maße nicht weiterkommen. – Eine noch perniziösere Seite der geistigen Verhaftetheit ist diese: die unaufhörliche innere Beschäftigung, die eine *Änderung* der blockierenden äußeren Zustände erstrebt. Und das Ärgste: Da es bisher niemals gelang, die Gerichtsmaschine in Betrieb zu setzen, bin ich den Zuständen wehrlos preisgegeben. Die besten Kräfte werden unaufhörlich an einer Stelle verbraucht, wo sie nichts Positives ausrichten, – wo ihre

Wirkung sich rückwärts wenden muss in Form von Zerstörung, sozusagen das Blut vergiftend, Zorn erzeugend – bisher immer ohnmächtig gebliebenen –, Zorn, Ekel, Gram.

Auch für diese psychisch-geistigen Schädigungen mache ich den Artemis-Verlag verantwortlich.

(Und wenn diese letztgenannten Schädigungen – wie groß sie auch seien – vielleicht zu sehr von innerlicher Art sein sollten, als dass man juristisch jemanden für sie verantwortlich machen könnte –: *Umso mehr* werde ich dort auf mein Recht dringen, wo es juristisch sich verfechten *lässt.*)

III – In chronologischer Reihenfolge

Am 28. Februar 1944 fand jene denkwürdige Unterredung in Zürich statt, zwischen dem Vertreter des Morgarten-Verlags und mir, später unter Herbeiziehung auch noch des Vertreters des Artemis-Verlags, die über mein Schicksal als Autor so weitgehend entscheidend sein sollte.

Dieses Zusammentreffen mit Herrn A. E. HERZER, dem Gesamtleiter des Konzerns Conzett & Huber, welcher damals interimistisch auch den Morgarten-Verlag persönlich leitete, herbeizuführen, hatte einiger Vorbereitungen bedurft. Dieser Bericht würde zu lang werden, wenn ich all die einzelnen Schritte, die Gespräche und die Korrespondenz mit Dr. Witz, ausführlich darlegen wollte; – wie schon erwähnt, gestaltete sich dieser Kampf, der Kampf um mein Loskommen vom Morgarten-Verlag, langwieriger als vorausgesehen worden war (wenn er auch ohne jeden Lärm, durchaus in den Grenzen der Höflichkeit geführt wurde: ein mühsamer und langer Kampf war es doch). Freilich musste ich ihn nicht allein auskämpfen: es geschah Schulter an Schulter mit Dr. Witz, welcher mir jede Mühe abnahm, jede Unterstützung zukommen ließ, soweit ihm dazu die Möglichkeit gegeben war. – Vorerst sandte er mir den Entwurf eines an ihn selbst gerichteten Briefes, den ich nur noch zu retuschieren und zu unterzeichnen hatte. In diesem von ihm selbst verfassten Brief, dessen Entwurf ich noch besitze und an dem ich geringfügige Änderungen vornahm, erklärte ich ihm, als dem Verlagsleiter des Artemis-Verlags, ausführlich und ausdrücklich: dass die geänderte Lage mich bestürzt gemacht habe; dass mein Vertrauen ausschließlich dem Artemis-Verlag gehöre, verbürgt durch die zwei Personen, die an dessen Spitze standen und auf deren persönlichem Kontakt allein doch meine ganze Beziehung mit dem Morgarten-Verlag geruht hatte; dass ich somit mein Vertragsverhältnis mit dem Morgarten-Verlag nicht mehr als bindend betrachten könne und daher ihn, Herrn Dr. Witz, dringend bitte, mich aus diesem Vertragsverhältnis unter Verwendung aller vorhandenen Mittel sofort zu befreien. – Einmal im Besitze dieser eingeschrieben gesandten Erklärung von mir, wandte sich Dr. Witz an den Morgarten-Verlag. Herr Herzer schrieb mir daraufhin einen Brief, der keine Entscheidung aussprach, sondern eine mündliche Besprechung vorschlug. Dann wurde telephonisch die oben erwähnte Zusammenkunft vereinbart. Und am 28. Februar fuhr ich nach Zürich. Für die Reisespesen kam der Artemis-Verlag auf.

Dr. Witz gab mir, ehe ich zu der vereinbarten Unterredung mich in das Haus des Morgarten-Verlags verfügte, genaue Anweisungen, wie ich, um am ehesten zum Ziel zu gelangen, mich verhalten solle: nur auf kein Argumentieren mich einlassen! (In Wirklichkeit: was hätte ich schon viel argumentieren können?) Sondern einfach erklären – und, soweit nötig, mit unbeirrbarer Festigkeit wiederholen –: dass mein Vertrauen eben, verbürgt durch dessen zwei Leiter, ausschließlich dem Artemis-Verlag gehöre; dass jene mir eine größere Gewähr als irgendjemand anderer böten für eine in jeder Weise meinem Verlangen entsprechende Herausgabe meiner Werke. – Herr Herzer, fügte Dr. Witz hinzu, werde dann schließlich schon noch nachgeben, er kenne ihn; er werde – und wenn es auch nur aus Stolz wäre – nicht einen Autor gegen dessen ausdrücklichen Willen an sein Haus gefesselt halten wollen.

Diese Unterredung nun – zwischen Herrn Herzer und mir, am Nachmittag des 28. Februar 1944 – gestaltete sich indessen weit peinlicher, als ich erwartet hatte. Ich hatte nicht vermutet, dass dem Hause – nach dem Ausscheiden der Herren Dr. Witz und Bucher –, dass diesem großen Geschäftshaus so ernstlich daran liegen könnte, mich als Autor zu behalten. Ich musste jenen Satz, oder jene paar Sätze, die meine Überzeugung ausdrückten, sie im Maße des Möglichen variierend, zu viele Male wiederholen ... der Atem ging mir aus.

Herzer: »Was haben Sie gegen uns? Was ist es denn, das Ihnen uns gegenüber zu Misstrauen Anlass gibt?«

Es war sehr still gesagt – und, wie mir schein, etwas Trauriges war auch dabei. Ich hatte mir diesen großen Geschäftsführer – den Leiter eines Hauses mit 600 Angestellten (nach einem Wort von Dr. Witz) – ganz anders, viel rudimentärer vorgestellt. (Er hatte überhaupt nichts Protziges.) – Was konnte ich antworten? Ich rettete mich aus der Verlegenheit in die allgemeine Feststellung, dass man sich in gewissen Lagen eben entscheiden müsse und dass es ja leider unmöglich sei, auf zwei Straßen zugleich zu gehen. – Er werde, sagte er, wenn ich wirklich bei meiner Einstellung bleibe, mich nicht des Vertrages wegen zurückhalten; ich solle mir die Sache noch überlegen. Ich antwortete, dass ich alles wirklich schon auf das Gründlichste überlegt habe. – Diese Unterredung brachte keine vollständige Entscheidung.

Es wurde aber sogleich ein zweites Zusammentreffen oder vielmehr eine Fortsetzung der Unterredung vereinbart, an der auch der Direktor des Artemis-Verlags Dr. Witz teilnehmen sollte. Diese Unterredung zu dritt, welche am Abend desselben Tages im Café des Hotels St. Peter stattfand, brachte die Entscheidung – in Gestalt einer vorerst nur mündlichen Erklärung Herr Herzers, mich als Autor vollständig dem Artemis-Verlag abzutreten; diese Erklärung aber war, verbürgt durch ihren Ton und durch die Person, die sie machte, unbedingt sicher und eindeutig. Es war erreicht! Wir – Dr. Witz und ich – konnten aufatmen. – Zugegangen war es bei dieser zweiten Unterredung mit einer Höflichkeit sondergleichen, einer paradiesischen Glattheit und Geschmeidigkeit. Dr. Witz machte es sichtlich Freude, dem Mann, dessen Untergebener er vorher gewesen war, nun als ebenbürtiges Oberhaupt entgegenzutreten. Er führte das Wort (ich hatte wenig mehr zu sagen, nur hie und da noch einmal meine unerschütterliche Überzeugung zu bestätigen). Und diesen Vorwurf wird niemand Dr. Witz gegenüber erheben können: dass es ihm an diplomatischer Begabung fehle. Er ist die Diplomatie selber.

… Aber es bleibt doch ein schlechter Witz.

*

Was geschah nun weiter? Vorerst ereigneten sich eine Serie verschiedenartiger Verzögerungen, welche zur Folge hatten, dass der erste Band *Die Notizen* nicht mehr, wie es dem Vertrag gemäß hätte geschehen sollen, im Frühling, sondern erst im Herbst 1944 herauskam. Die Aushändigung des Vertrags durch den Morgarten-Verlag und die kaufmännische Regelung zwischen den beiden Verlagen ließen ein wenig auf sich warten, aber andrerseits begann auch der Artemis-Verlag mit den Vorbereitungen des Druckes später, als man hatte voraussehen können (ich werde auf diese Verzögerungen noch zurückkommen), und das Schreiben gar, das die Übernahme des Vertrags rechtsgültig bestätigte, traf erst Mitte Juni bei mir ein.

Dieses *Ratifikationsschreiben des Artemis-Verlags, datiert 14. Juni 1944*, lautet in seiner wesentlichen Stelle:

»Wir haben das Vergnügen, Ihnen nachträglich zu bestätigen, dass wir Ihren mit der Firma Conzett & Huber (Morgarten-Verlag) abgeschlossenen Verlag, datiert 23. Juli 1943, übernommen haben. *Die in dem Vertrag niedergelegten Bedingungen haben fürderhin zwischen Ihnen und uns gleiche Gültigkeit*; lediglich unter Par. 1, Absatz 2, ist vorgesehen, dass der zweite Band der *Notizen* erst auf Frühjahr 1945 herausgegeben werden soll.

Artemis
Verlags-Aktiengesellschaft
(Gez.:) E. BUCHER Dr. FRIEDRICH WITZ«

Ich bemerke dazu: *dass auch schon der erste Band ein halbes Jahr später erschien*, als dem erwähnten Paragraphen des Vertrags gemäß hätte geschehen sollen, das ist in diesem Schreiben nicht erwähnt worden. –

Der erste Band ist also im Herbst 1944 erschienen (Teile I-VI, 477 S.), d.h. mit einem halben Jahr Verspätung gegenüber dem vertraglich festgelegten Erscheinungstermin. Die Gründe dieser Verspätung lagen ganz allein auf Seiten des Verlags; denn schon am 19.2.44 hatte mir Dr. Witz schreiben können:

»Der Empfang der ersten sechs druckfertigen Teile sei Ihnen hier in aller Form bestätigt.«

Diese durch den Verlag verursachte Verspätung, wie unangenehm sie mir auch war (wie aber sollte sie gar erst später sich auswirken!), nahm ich schweigend hin; bei der zwischen uns bestehenden freundschaftlichen Beziehung und in Anbetracht der besonderen äußeren Umstände (erst im Aufbau begriffener Verlag; Verzögerung der schriftlichen Regelung mit dem Morgarten-Verlag), welche gewiss wenigstens zu einem Teil die Verspätung bedingten, konnte ich nicht daran denken, dem Verlag gegenüber einen ernstlichen Vorwurf zu erheben:

Als nun aber bei der geplanten Herausgabe des zweiten Bandes abermals eine – nicht größere –, diesmal aber nicht durch den Verlag, sondern durch mich, den Autor verursachte, und eine ausschließlich durch die äußern Umstände bedingte Verspätung eintrat, legte mir Direktor Witz in der Folge diese Verspätung als Vertragsbruch aus!

Mehr noch: Diese meine Verspätung (im Liefern der druckfertigen Manuskripte, Verspätung von maximal 5 Monaten) war in Wirklichkeit nichts anderes als eine Folge der ersten, der durch den Verlag verursachten Verspätung (beim Herausgeben des ersten Bandes, Verspätung von einem halben Jahr). Die Erklärung wird gleich folgen.

Solange der erste Band nicht erschienen war, konnte ich mit beinahe nichts anderem mich befassen als mit der Überwachung dieser Drucklegung – man kann sagen, bis zur letzten Minute (ein paar scheußliche Druckfehler waren dennoch nicht zu vermeiden). Sobald dieser Band gedruckt vorlag (Oktober 44), wandte ich mich den noch nötigen letzten Vorbereitungen der Texte des zweiten Bandes zu – aber fast im gleichen Augenblick war die letzte Monatsrate einer Subvention der Stiftung PRO ARTE eingetroffen (250 Fr. monatlich) und begann somit für mich wiederum eine ökonomische Lage, die man ohne Übertreibung als menschenunwürdig bezeichnen kann und die mir ein Fortsetzen meiner Arbeit – dieses letzten Handanlegens, das aber die äußerste Geistesklarheit erfordert – unmöglich machte. Zwei Teile (von den insgesamt noch zu druckenden 6 Teilen des Werks) waren noch ins Reine gekommen und ich hatte sie dem Verlag im November 44 geliefert.

Ich eröffnete meine Lage Dr. Witz in unserer Unterredung vom *19. Dezember 1944* und ließ es dabei an Klarheit nicht fehlen. Er ließ mir (mit einiger Verlegenheit) 200 Franken Vorschuss reichen, wobei er so gut wie ich wusste, dass diese Summe nicht imstande war, an den Zuständen etwas Wesentliches zu ändern. – In den folgenden Monaten ging die Arbeit nicht etwa nur langsam vorwärts: sondern überhaupt nicht. Rund fünf Monate verbrachte ich in tiefer Depression. Die Manuskripte, ehe sie nach meinem Begriffe vollendet waren, in Druck zu geben, kam nicht in Frage. Die Arbeit, die noch zu tun war, bestand, wie schon gesagt, nur noch in einem letzten Handanlegen, d.h., nicht in Schreiben, sondern in Eliminieren, Säubern und Anordnen: Aber gerade darin konnten, wenn der Geist nicht völlig ungetrübt war und wenn ich hätte *forcieren* wollen, in letzter Stunde noch für das Ganze sehr folgenschwere, vielleicht nicht wieder gutzumachende Fehler unterlaufen, das aber musste um jeden Preis vermieden werden.

Dr. Witz jedoch schrieb mir am *26. Januar 45* völlig unbefangen, wie wenn unsere Unterredung des 19. Dezember nie stattgefunden hätte, ich möchte ihm den ganzen noch fehlenden druckfertigen Text sogleich senden:

»Wir müssen die satzreifen Blätter in allernächster Zeit, d.h. bis spätestens den 10. Februar in unserer Hand haben, wenn der zweite Band *Notizen* auf Ostern oder noch im April herauskommen soll. [...]

Lassen Sie also bitte nicht im Stich: sich selbst und Ihren Sie herzlich grüßenden

FRIEDRICH WITZ«

Ich antwortete ihm, dass von »im Stich lassen« nicht geredet werden könne, und übermittelte ihm schriftlich auf das deutlichste noch einmal das, was ich im Dezember mündlich erklärt hatte:

»Eher könnte ich den Umständen oder der Welt gegenüber dieses Wort verwenden – wenn es in meiner Denkweise liegen könnte, der Welt zuzumuten, dass sie Schriftsteller ernähre. – Es ist mir sicher bitterer als Ihnen, dass die Dinge nicht vorwärtsgehen können. – Ich habe aber alles getan, was ich tun kann, um Geld zu beschaffen. [...] Jedenfalls werden Sie mir dieses nicht abstreiten können: Solange mir die Mittel irgendwie zukamen, bin ich immer vorgerückt; es kam ›die Nacht, da niemand wirken kann‹.«

Daraufhin schwieg der Verlag und ich vegetierte weiter, ohne die Hand rühren zu können.

Erst im April (45) wurde mir von rein privater Seite Hilfe geboten. Die 1000 Fr., die mir die Vollendung der Arbeit ermöglichten, wurden mir in hochherziger Weise gespendet von jemand, der mich persönlich wenig kannte, der aber den ersten Band gelesen hatte und dem daran lag, dass auch der zweite in die Welt treten könne. – Ich machte mich wieder ans Werk und konnte schon Mitte Mai dem Verlag zwei weitere druckfertig neue Teile liefern. Daraufhin erhielt ich von Dr. Witz ein Schreiben in einer neuen, einer völlig unerwarteten und seltsamen Tonart. – In diesem *Brief des Verlags*, vom *16. Mai 1945*, steht u.a.:

»Die Teile VIII und X Ihrer *Notizen* sind hier eingetroffen und ich bestätige Ihnen deren Empfang. Wenn Sie aber erklären: in druckfertigem Zustand, dann muss ich dazu ein deutliches Fragezeichen setzen. [...] Ich könnte die beiden Faszikel schon darum nicht in Satz geben, weil ich nicht ein zweites Mal riskieren möchte, dass in der Druckerei der Satz in der Maschine ausgewechselt werden muss, sondern ich ziehe vor, zuzuwarten bis das ganze Manuskript druckfertig daliegt.

Nachdem der zwischen uns vertraglich vereinbarte Erscheinungstermin von Band zwei der *Notizen* durch Umstände, an denen der Verlag keine Schuld trägt, nicht eingehalten werden konnte, nachdem ferner der bereits begonnene Satz des zweiten Bandes wider Erwarten (sic!) unterbrochen werden musste [...] kann sich unser Verlag hinsichtlich des Bandes zwei Ihrer *Notizen* nicht mehr in jeder Hinsicht gebunden fühlen.

Es ist meine Überzeugung, dass Ihnen der ernste Freundesrat allzu lange gefehlt hat.

Auf Einzelheiten Ihres Manuskriptes werde ich nach Pfingsten, wenn immer möglich noch vor Ende des Monats eintreten.«

Aus meiner Antwort *an den Artemis-Verlag vom 20. Mai 45*:

»Darüber, ob ein Werk von mir druckfertig oder nicht druckfertig sei, werde zu meinen Lebzeiten nur ich entscheiden und wird kein anderer zu entscheiden haben.«

Ich erhielt einen *eingeschriebenen Brief vom Artemis-Verlag*, datiert *24. Mai 1945*, in welchem u. a. steht:

»Wie Sie wissen, war zwischen uns vereinbart, dass der

zweite Band der *Notizen* ein halbes Jahr nach dem ersten zu erscheinen habe.«

(Das ist eine Änderung der Formulierung, man vergleiche, S. 8 [hier S. 21], das Ratifikationsschreiben vom 14. Juni 44.)

»Da der erste Band im Herbst 1944 herauskam, hätte also der zweite Band im Frühjahr 1945 erscheinen sollen. Dieser vorgesehene Erscheinungstermin für Band zwei der *Notizen* ließ sich nicht innehalten, und zwar darum nicht, weil die Ablieferung des Manuskriptes ganz unerwartet (sic!) ins Stocken geriet.«

(Dann ist die Rede von den durch die zwei schon in Satz gegebenen Teilen entstandenen Unkosten:)

»Wir sind nicht gesonnen, uns künftig noch einmal ähnlichen Unannehmlichkeiten auszusetzen und teilen Ihnen darum mit, dass wir in Bezug auf den Erscheinungstermin von Band zwei Ihrer *Notizen* keinerlei Verpflichtungen eingehen können.«

(Dann ist die Rede von schon in mein Werk investierten 10000 Fr. und dem geringen Absatz:)

»Unter diesen Umständen wird der zweite Band Ihrer *Notizen* nur dann in unserem Verlag erscheinen können, wenn Sie die Vorschläge unseres Herrn Dr. Witz in Bezug auf Streichungen oder Änderungen berücksichtigen. Diese Vorschläge sollen Ihnen bis spätestens Ende Juni zugehen.«

Meine Antwort *an den Artemis-Verlag, vom 11. Juni 45*:

»Auf das Schreiben des Verlages vom 24.5.45 kann ich nicht anders antworten – meine fortgesetzte über alle Maßen angestrengte Tätigkeit ließ mich bisher überhaupt nicht dazukommen –, als indem ich nochmals das in meinem Brief vom 20. 5. Ausgedrückte bestätige und etwas weiter ausführe:

Selbstverständlich bin ich bereit, auf jeden Ihrer Vorschläge einzugehen, das heißt ihn zu prüfen. (Dabei handelt es sich in Wirklichkeit weit weniger um ein Eingehen auf Vorschläge des Verlags, als um ein Anhören, auf Grund unserer Beziehungen, dessen, was Sie persönlich vorzubringen haben.)

Die Annehmbarkeit eines Vorschlags kann aber in keinem Fall *von opportunistischen Erwägungen*, etwa den äußern Interessen des Verlags, sondern immer nur von dem Gewissen, das ich als Schriftsteller habe, *abhängig sein.*«

Im übrigen setzte ich während dieser Zeit mit äußerstem Kraftaufwand meine Arbeiten fort, ohne mich durch die verhaltenen Drohungen und unklaren Formulierungen des Verlags beirren zu lassen. (Denn: hatte ich nicht einen gültigen Vertrag, der den Verlag verpflichtete, den zweiten Band in kurzem herauszugeben? Und was konnte der Verlag mir ernstlich meine Verspätung vorwerfen, er, der im Jahr vorher selber eine solche sich hatte zuschulden kommen lassen – und zwar eine, von der die meinige überhaupt nur eine Folge war?) Damit aber die Verspätung möglichst gering bleibe, d.h. damit das Buch jedenfalls noch im Herbst 45 erscheinen könne, (auch schon, um die Erwartungen des Geldspenders nicht zu täuschen) strengte ich mich dermaßen an (Tage mit über 15 aufeinanderfolgenden Arbeitsstunden waren in diesen 2 ½ Monaten keine Seltenheit), dass ich am Ende einen körperlichen Zusammenbruch erlitt. Ich hatte indessen mein Ziel noch erreichen können: am 6. Juli 45 ging der letzte noch fehlende Teil druckfertig an den Verlag ab. – Der zweite Band hätte somit sehr gut noch im Herbst 45 erscheinen können.

Die Daten der Ablieferung sämtlicher sechs Teile des zweiten Bandes:

Teil XII, BILD (89 Mskr.-S.):	Nov. 1944
Teil XI, VOM TOD (31 S.):	Nov. 1944
Teil VIII, APOTHEKER (92 S.):	13. Mai 1945
Teil X, TRAUM UND TRÄUME (37 S.):	13. Mai 1945
Teil VII, VARIA (136 S.):	29. Juni 1945
Teil IX, LITERATUR (127 S.):	6. Juli 1945

Meine Verspätung betrug also höchstens 5 Monate (da der letzte Teil am 6. Juli geliefert wurde und Dr. Witz mir geschrieben hatte – s. S. 12 [hier S. 24] –: »Wir müssen die satzreifen Blätter bis spätestens den 10. Februar in unserer Hand haben«). Ich rufe in Erinnerung, dass die Verspätung, die bei der Herausgabe des ersten Bandes durch den Verlag verursacht worden war, sich auf ein halbes Jahr belief. –

*

Nun hüllte der Artemis-Verlag sich in vollkommenes Schweigen – nicht einmal der Empfang des Teils IX wurde mir bestätigt. Probeabzüge kamen keine an. Der Herbst verging.

Am 17. Dezember 1945 richtete ich an den Artemis-Verlag folgenden eingeschriebenen Brief:

»Sehr geehrte Direktion,

ich möchte Ihnen meine Verwunderung darüber aussprechen, dass ich bis zum heutigen Tage keine weiteren Probe-Abzüge des zweiten Bandes von *Die Notizen* erhalten habe, und Sie allgemein anfragen, in welcher Weise Sie diese Angelegenheit – die Drucklegung des genannten Buches – weiter abzuwickeln gedenken. Das Letzte, was ich von Ihnen über diese Angelegenheit gehört habe, geschah durch Ihr Schreiben vom 24. Mai 1945. Es wurde da von gewissen Vorschlägen des Herrn Dr. Witz geredet, die mir bis spätestens Ende Juni zugehen würden; sie sind mir bis heute nicht zugegangen.«

(Aufzählung der Teile des zweiten Bandes und der Daten.)

»Ich hoffe nun, von Ihnen umgehend Antwort zu erhalten, wie Sie die Sache zu regeln gedenken; andernfalls werde ich gezwungen sein, von meiner Seite aus Schritte zu unternehmen.«

Aus der Antwort des Artemis-Verlags vom 7. 1. 1946 (eingeschrieben):

»... Aus diesen genauen Datumsangaben ergibt sich eindeutig der durch Sie erfolgte Vertragsbruch. Wir betrachten uns infolgedessen unserer eigenen vertraglichen Verpflichtungen entbunden und ferner als berechtigt, Sie für alle im Zusammenhang mit Band zwei Ihrer *Notizen* uns entstandenen Unkosten haftbar zu machen.

Da wir Ihnen schonenderweise eine Enttäuschung ersparen wollten, erklärten wir uns in unserem Einschreibebrief vom 24. Mai 1945 lediglich jeder Verpflichtung in Bezug auf den Erscheinungstermin des zweiten Bandes Ihrer Notizen entbunden. *Heute jedoch müssen wir diese Erklärung auf den ganzen Vertragsinhalt ausdehnen.* Die Herausgabe des zweiten Bandes beruht hinsichtlich *Zeitpunkt und Form* auf unserer *absoluten Freiwilligkeit* und auf *eigener Entscheidung.*

Außerdem erklären wir, dass das Manuskript in seiner vorliegenden Form nicht als satzreif betrachtet werden kann.«

*

Am 16. Januar 1946 habe ich das Mandat, gegen den Artemis-Verlag in meiner Sache gerichtlich vorzugehen, dem Rechtsanwalt Dr. W. STOCKER, Zürich, übergeben.

(Zuerst sollte natürlich noch in einer persönlichen Zusammenkunft zwischen meinem Rechtsvertreter und dem Verlag versucht werden, ob sich eine Einigung erlangen ließ.)

Meine Einstellung war einfach: Die Behauptung des Verlags, dass der Vertrag durch mich gebrochen worden sei, bestreite ich. Die Erklärung des Verlags, mein Manuskript sei nicht druckreif, nenne ich hinfällig, denn der Vertrag besteht über *dieses* Werk und der Vertrag setzt den Gegenstand als bekannt voraus (der ganze Text meines Werks war seit Ende 1936 schon vorhanden). Meine Forderung ist: Entweder soll der zweite Band sofort, und zwar in der vollen, ihm von mir gegebenen Gestalt, erscheinen; oder dann soll der Verlag mich aus meiner vertraglichen Bindung freigeben und mir zugleich die Schadenersatz-

Summe von 10000 Fr. bezahlen. (Denn da kein Verlag nur diesen *zweiten* Band herausgeben wird, bleibt mir nur die Möglichkeit des Selbstverlags; die genannte Summe setzt sich zusammen aus ca. 8000 Fr. Druckkosten plus Spesen.)

Dr. Werner Stocker schien wie kaum ein zweiter geeignet, meine Sache zu einem guten Ende führen zu können, und dies auf Grund dreier Umstände: Seine einflussreiche politische Stellung (als Generalsekretär der sozialdemokratischen Partei der Schweiz) gab der Sache von Anfang an das nötige Gesicht; wir kannten uns persönlich (so dass ihm auch meine finanzielle Lage deutlich war); und – das Wichtigste – er war einer meiner Leser, war es gewesen, lange bevor wir persönlich zusammengetroffen waren.

Aber Wochen vergingen –; nach mehrmaligem vergeblichem Telephonieren erfuhr ich endlich, dass er ernstlich erkrankt sei; dann, am 12. März, dass er zum Oberrichter gewählt worden sei. Diese Eigenschaft machte es ihm unmöglich, noch als Advokat aufzutreten. Im Frühling 46 erhielt ich meine Akten zurück.

*

Was tun? – »Schnelle Hülfe wird gefodert – Keine Rettung ist vorhanden.« (Faust.) – Meine Mittellosigkeit machte es mir unmöglich, in den folgenden Monaten etwas in der Angelegenheit zu unternehmen; unmöglich war es mir, nach Zürich zu fahren, – am unmöglichsten wäre es mir gewesen, einem vielleicht dennoch gefundenen Advokaten den wahrscheinlich verlangten Vorschuss von ein paar hundert Franken zu zahlen. (Was ja Artemis wohl auch gewusst hat … und was sie vor Beunruhigung bewahrte.)

Erst im Sommer kam mir der Zufall zu Hilfe, indem ein alter Bekannter, der in Zürich Advokat ist, unvermutet in Genf auftauchte, was mir erlaubte, ihm die Lage zu erklären, woraufhin er sich bereit erklärte, meine Sache zu übernehmen.

Am 21. August 1946 habe ich die Akten und das Mandat, gegen den Artemis-Verlag gerichtlich vorzugehen, dem Rechtsanwalt Dr. C. A. HITZ, Zürich übergeben.

(Meine Einstellung und meine Forderung waren genau dieselben, s. vorhergehende Seite.)

Dr. Hitz behielt die Akten volle zwei Jahre lang.

Was hat er während dieser Zeit in meiner Sache erreicht oder unternommen? – Was er erreicht hat, ist klar: nichts. Darüber, was er unternommen hat, ist mir nie eine genügende, eine genaue Kunde zugekommen. Ich hörte bisweilen etwas davon durch Drittpersonen – fast nur gerüchteweise. So z. B. etwas Undeutliches von einer Konferenz, die mit Dr. Witz und unter Herbeiziehung des Sekretärs des Schweiz. Schriftsteller-Vereins stattgefunden haben soll. (Das Resultat der Konferenz ist offenbar dies gewesen, dass nichts geschah, dass aber jeder der drei Teilnehmenden befriedigt war.) Was Dr. Hitz selber mir telephonisch mitteilte – wenn ich wieder einmal anrief –, betraf zumeist nur Absichten oder Vorschläge (die Vorschläge blieben). Einmal – wenn ich nicht irre, nur dieses einzige Mal während der zwei Jahre – schrieb er mir ein Briefchen, datiert

6. Dezember 1946, in dem er um eine Prozessvollmacht bat und dessen wesentliche Stelle lautet:

»Da anders von der ›Artemis‹ kaum mehr etwas zu erwarten ist, werde ich nach Eintreffen der Vollmacht eine Friedensrichter-Verhandlung ansetzen lassen und nachher vertragsgemäß *die Sache an das Handelsgericht weiterleiten.*«

Ich habe nicht einmal vernommen, *warum* dann die Sache nie an das Gericht weitergeleitet worden ist. – Zwei Vorschläge unterbreitete er mir: Ob ich damit einverstanden wäre, dass *vorerst* nur die Teile XI und XII als kleiner Band herausgegeben würden (120 Manuskript-Seiten von den insgesamt 512 des zweiten Bandes). Ich antwortete, dass dies die Hauptfrage nicht beseitigen und nicht einmal vermindern könne – die Hauptsache sei allein die korrekte Herausgabe des gesamten zweiten Bandes; dass ich jedoch vorziehe, dass vorläufig statt gar nichts, wenigstens sogleich dieses Geringe geschehe, und daher mit dem Vorschlag einverstanden sei, *aber nur* unter der Bedingung, dass durch diese Teil-Publikation die Gesamtstruktur meines Werkes nicht verwischt werde, und das heißt: dass auf keinen Fall etwa die Nummern der zwei Teile geändert würden, sondern dass der Verlag in dem kleinen Band auf gut sichtbare Weise vermerke, dass es sich um die Teile XI und XII meines Werkes *Die Notizen* handle. – Dr. Hitz schien das sehr gut zu begreifen; er werde, sagte er, meine Weisung genau dem Verlag übermitteln. (Dort hoben sie den Vorschlag offenbar gut auf, denn er kam, wenn auch etwas abgemagert, vermindert auf ein Viertel seines Volumens, nach ungefähr zwei Jahren wieder hervor – immer noch als Vorschlag.) – Außerdem, sagte mir Dr. Hitz, möchte der Verlag das Manuskript einer unparteiischen und zu einer Beurteilung kompetenten Drittperson vorlegen, damit diese über die durch den Herrn Dr. Witz angekreideten Stellen ihre Meinung äußere; ob ich jemand vorschlagen könnte? Ich antwortete: Ja, Konrad Bänninger; Berufeneren als ihn, über mein Werk eine Meinung zu äußern, gebe es in der Schweiz nicht.

Zu ungefähr derselben Zeit äußerte Dr. Witz einem meiner Freunde gegenüber: Ja, *wenn Hohl dem Verlag 5000* (oder 4000) *Franken bezahlen könnte*, dann würde der zweite Band erscheinen ...

Zeit verging, nichts geschah, meine Lage blieb dieselbe. – Da erinnerte ich mich eines Paragraphen meines Vertrags (s. S. 1) [hier S. 7] und sandte dem Verlag direkt (sonst hatte der direkte Verkehr zwischen uns seit langem aufgehört) das Manuskript eines *weitern Werks*. Laut dem erwähnten Paragraphen war der Verlag verpflichtet, in einem solchen Fall

»stets *innerhalb 3 (drei) Monaten* vom Tage des Erhaltes eines neuen Manuskriptes an, eine Entscheidung über Annahme oder Ablehnung dieses Werkes zu treffen. Arbeiten, welche der Verlag ablehnt, fallen dem Autor zur freien Verfügung zurück«

und eben dieses Letztere war für mich erstrebenswert.

Am 21. Oktober 1947 ging das Manuskript des ersten Bandes von *Nachnotizen*, 332 S., an den Artemis-Verlag ab, eingeschrieben.

Der Artemis-Verlag behielt das Manuskript und antwortete nichts.

Endlich beauftragte ich meinen Advokaten, Dr. Hitz, auch da einzuschreiten. Ich tat es zuerst telephonisch (10. Juli 48), dann schriftlich (18. Juli), dann noch einmal schriftlich (13. August 48). – Was Dr. Hitz unternommen hat, ob er Schritte unternommen hat, ist mir nie bekannt geworden bis auf den heutigen Tag. Der Artemis-Verlag hat das Manuskript von *Nachnotizen* behalten, ohne etwas zu antworten, bis auf den heutigen Tag. (D.h. seit mehr als vierzehn Monaten.)

*

Eine Kopie des soeben erwähnten Briefes an meinen Advokaten, vom 13. August 48, sandte ich an P.A. BRENNER, welcher Mitglied des Vorstandes des Schweiz. Schriftsteller-Vereins ist, indem ich hinzufügte:

»Sollte an die größte Glocke gehängt werden. Gibt es Gerichte? – Warum sind sie für mich unerreichbar seit 2 ½ Jahren??«

Da aber geschah etwas! Da – ich kann nicht sagen »da fing Brenner Feuer«: er brannte lichterloh! Einen flammenden Brief sandte er mir, in welchem der Satz vorkommt:

»Was Dir widerfahren ist, gehört ins Gebiet des Kriminellen.«

Er habe, äußerte er im übrigen, den Sekretär des Schweiz. Schriftsteller-Vereins, Dr. Beidler, von meinem Brief in Kenntnis gesetzt (von der Kopie des Briefes an meinen Advokaten, in dem ich ihn zum dritten Mal aufforderte, in der Sache des durch den Artemis-Verlag – damals –

9 ½ Monate zurückbehaltenen Manuskriptes einzuschreiten); ich möchte meinen Anwalt anweisen, alle Akten dem Sekretariat des Schweiz. Schriftsteller-Vereins zu übergeben.

»Ich werde es nicht dulden, dass das Sekretariat den Fall nochmals (wie das nun offenbar durch Hitz doch geschehen ist) verschleppt. [...] Ich werde den Fall überwachen und sofort einschreiten, wenn (was nach meiner Intervention von heute kaum denkbar ist) es zu einer neuen Verschleppung kommen sollte.«

Zu gleicher Zeit traf auch schon ein Brief von Dr. BEIDLER, dem Sekretär des S.S.V. ein, denn dieser wollte nicht zögern, mir *zuzurufen*,

»dass es selbstverständlich noch Recht in unserem Rechtsstaat gibt, man mag darüber denken wie man wolle. Wir werden also von uns aus die geeigneten Mittel anwenden, um Ihnen zu Ihrem Recht zu verhelfen.«

Aber er müsse die Akten erhalten.

Also Wind in den Segeln! – Aber die Stärke des Schiffs?

*

Am 8. September 1948 wurden die Akten der Angelegenheit auf meine Anordnung hin von Herrn Dr. Hitz persönlich dem Herrn Dr. Beidler übergeben.

Wenn Dr. Hitz während zweier Jahre (vielleicht etwas unternommen, aber jedenfalls) nicht das Geringste erreicht hatte, so, um es offen zu sagen, hatte ich nicht die kleinste Hoffnung, dass Dr. Beidler, welcher ein sehr leutseliger Herr ist, der es allen gut machen will, und der übrigens mit Geschäften überlastet ist, auch nur ein bisschen mehr für mich ausrichten werde ... schon meine früheren Erfahrungen mit ihm berechtigten mich nicht zu einer solchen Hoffnung. Jedoch: was für einen Sinn konnte es haben, die Akten weiter bei Dr. Hitz liegen zu lassen? Vielleicht handelte es sich ja nicht um eine Privatperson, sondern hinter ihm stand die Autorität des Schriftsteller-Vereins, welchen ich nicht ohne nähere Kenntnis meines Falls lassen wollte, – und wenn es auch nur gewesen wäre, um ihn einmal als Zeugen oder Experten auftreten lassen zu können in einem doch immer noch erhofften Prozess.

Denn, ja, diese Hoffnung hatte mich noch nicht verlassen und sie schwebt mich auch heute noch immer an: dass es doch noch einmal zu einem Prozess mit einem Verteidiger aus härterem Stoff, mit größerer Erkenntnis und von höherem Mut ... (wobei ich fast nur an einen jungen Advokaten denken kann, einen, dem es nicht auf Vorschuss und überhaupt weniger auf Geldeinnahmen ankommt, als, eine Probe seines Könnens zu geben; der eine Beziehung zu Literatur hat – und der von meinem Rechte überzeugt ist); mit einem Verteidiger, der sich nicht einschüchtern lässt durch Artemis, durch das Geld von Artemis, und der sich auch nicht durch die Seidenhandschuhe des Herrn Dr. Witz (welchem wirklich niemand einen Mangel an diplomatischer Begabung vorwerfen kann) von einer Idee und einer Richtung ablenken lässt ...

Dieser Bericht würde allzu lang werden, wenn ich den neuen Abschnitt meiner Odyssee, den unter der Führung Dr. Beidlers stehenden, auch noch ausführlich darstellen wollte. Zusammenfassend: Aus einem Berg von Enthusiasmus kam die kleinste Maus hervor. Nämlich, als nun Dr. Beidler die Akten erhalten hatte und zur Tat schritt, womit rückte er hervor, o Wunder: mit denselben *Vorschlägen*, diesen der Gesamtfrage gegenüber wesenlosen, die schon Dr. Hitz 1½ oder zwei Jahre früher vorgebracht hatte! Und das war alles.

Nur dass diese Vorschläge – diese ohnehin der Gesamtfrage gegenüber wesenlosen – inzwischen beträchtlich an Volumen eingebüßt hatten: Damals (s. S. 15) [hier S. 34] war die Rede davon gewesen, die Teile XI und XII allein herauszugeben (120 von den 512 Manuskript-Seiten); nun aber wurde nur noch davon geredet, den XI. Teil allein, »als kleines, handliches Bändchen« herauszugeben: 31 von den 512 Manuskript-Seiten!

Außerdem, schrieb mir Dr. Beidler, finde er vonseiten des Herrn Dr. Witz »erfreuliches Entgegenkommen!« (Das ist Witz.)

Außerdem übermittelte Dr. Beidler – wozu er vierzig Tage brauchte – diese bedeutenden Vorschläge dem Artemis-Verlag unter Verwendung einer höchst zweideutigen Formulierung (indem er von »Kompromisslösung« redete, wozu er nicht berechtigt war), gegen die ich mich verwahren musste (durch eingeschriebenen Brief an Dr. Beidler, vom *1. November 48*).

Und von dem 14 Monate (bzw. damals 12 Monate) widerrechtlich zurückbehaltenen Manuskript *Nachnotizen* wurde in dem Brief Dr. Beidlers an den Artemis-Verlag, vom 29. Oktober 1948 (Dr. Beidler sandte mir die Kopie) überhaupt nicht geredet.

Weiter geschah dann nichts mehr. Artemis hat also offenbar auch wieder schon mehr als vierzig Tage gebraucht, um auf die ohnehin völlig belangarmen Vorschläge nicht zu antworten. – Und wenn auch das »kleine, handliche Bändchen« erschienen wäre, oder erschiene: was könnte dies schon an der Gesamtfrage lösen, an meiner Lage ändern!

Die Akten habe ich dann von Dr. Beidler, nachdem er sie rund zwei Monate völlig nutzloserweise behalten hatte, zurückverlangt, vorerst, um mit ihrer Hilfe diesen Bericht zusammenzustellen. – Es kostete übrigens viel Mühe, Dr. Beidler zu bewegen, sie auszuliefern, und als er es endlich tat, schrieb er mir dazu (10. Nov. 48):

»Was zum Teufel wollen Sie mit den Akten? Aber da ich sie nicht brauche, weil es nicht zu einem Prozess kommen wird, sollen Sie Ihren Willen haben. Hier sind sie!«

»*Weil es nicht zu einem Prozess kommen wird*«: das hermetische Sätzchen hat einen bemerkenswert seltsamen Klang. Ruht es auf einem Wissen, das Dr. Beidler von Gott hat, der in alle Zukunft blickt, – oder ist es eine Beschwörung …?

Gewiss ist mir, um es noch einmal zu sagen, dass niemand dem Herrn Dr. Witz einen Mangel an diplomatischer Begabung vorwerfen kann. So fand ja auch Herr Dr. Beidler – ein höchst leutseliger Herr, welcher mit Geschäften überlastet ist und es allen gut machen will – von seiner Seite in meiner Angelegenheit (obgleich nicht das Allergeringste ausgerichtet worden ist) »*erfreuliches Entgegenkommen*«. Da muss was Wahres dran sein; es geht schon aus der Anrede hervor, die Dr. Beidler in seinem

Schreiben an den Artemis-Verlag, vom 29. Oktober 48, zweimal verwendet hat: »Sehr geehrter, lieber Herr Dr. Witz«. – So führen die Herren in Zürich von Zeit zu Zeit ein Gespräch über meine Sache, überhäufen sich gegenseitig mit Freundlichkeiten, dann vergehen wieder ein paar Monate, und ich sitze hier weiter in derselben Nacht.

IV – Argumentierungen

Der Artemis-Verlag gibt also meine Werke nicht heraus, aber er hält sie blockiert – *er verunmöglicht mir jede Buchpublikation seit mehr als vier Jahren.*

Um seine Handlungsweise zu rechtfertigen, sagt er mir: der Vertrag sei durch mich gebrochen worden. Und: das Manuskript sei nicht druckreif. Und schließlich gar nichts mehr.

*

1) Der Vertrag sei durch mich gebrochen worden dadurch, dass ich einen Teil des Manuskripts zu spät geliefert hätte. – Wie ich ausführlich dargelegt habe (s. S. 9-10) [hier S. 22-23], war aber diese meine Verspätung nichts anderes als die Folge der vorhergegangenen ebenso großen Verspätung des Verlages. In anderen Worten: *Wenn der erste Band vertragsgemäß im Frühling 44 erschienen wäre, so hätte der zweite*, soweit dies von mir abhing, ohne Zweifel *schon im Herbst 44 erscheinen können*, und umso mehr im Frühling 1945. (Da aber der erste Band erst im Oktober 44 erschien, war ich inzwischen in jene Zone äußerster Mittellosigkeit hineingeraten, aus der Zustände entsprangen, die mir ein

Fortsetzen der überaus delikaten letzten Prüfungsarbeiten unmöglich machten, – und solange der erste Band nicht im Druck fixiert gewesen war, hatte er fortwährend meine ausschließliche Aufmerksamkeit beansprucht.)

2) Wie weit ins Einzelne gehend, wie streng waren überhaupt die vertraglichen Vereinbarungen über die Termine?

Hier ihr Wortlaut: (§ 1, Absatz 2)

»*Die Notizen* sollen in 2 (zwei) Bänden herausgegeben werden. Der erste dieser beiden Bände, der mindestens die Teile I-V enthalten soll, ist auf das Frühjahr 1944 *geplant* und der zweite auf den Herbst 1944«,

modifiziert im Ratifikations-Schreiben (s. S. 8) [hier S. 21-22]:

»... lediglich unter § 1, Absatz 2, ist *vorgesehen*, dass der zweite Band der *Notizen* erst auf das Frühjahr 1945 herausgegeben werden soll.«

Das ist alles. Eine Bestimmung also etwa wie diese: »Der Autor verpflichtet sich, dem Verlag das Manuskript in druckfertigem Zustand spätestens am ... zu liefern«, *fehlt*.

Nun versteht es sich freilich von selbst, dass jede Angabe des Erscheinungsmoments eines Buches, möge diese Angabe dunkel oder hell, präzis oder nur ungefähr gefasst sein, auch schon voraussetzt, dass der Autor das Manuskript zu einem angemessenen Zeitpunkt liefere. Aber es besteht ein Unterschied dazwischen, ob eine diesbezügliche genau formulierte Bestimmung in den Vertrag eingesetzt worden sei (»genau formuliert«: d.h., die eine *Verpflichtung* des Autors und ein genaues Datum festgelegt), oder ob das in dieser Hinsicht von Seiten des Autors Erwartete nur in allgemeiner Weise im Vertrage erwähnt sei, oder gar – wie in unserm Fall – überhaupt nicht erwähnt.

Vor allem aber: die einzige diesbezügliche Datumsbestimmung des Vertrages, die der Erscheinungstermine (aus welcher die andere, den Autor betreffende gefolgert werden muss), ist sie streng? Nein, sie ist in ausgesprochen schlaffer, unpräziser Form abgefasst (indem geredet wird von »geplant« und »vorgesehen«, statt etwa so: »Der Verlag verpflichtet sich, dafür zu sorgen, dass der Band ... spätestens am ... erscheint«). – Sind dies (»geplant« und »vorgesehen, dass ... herausgegeben werden soll«) vielleicht nur »blumige Redewendungen«, hinter denen jedoch in juristischem Sinne doch unbedingt eindeutige Bestimmungen liegen? *Der Artemis-Verlag hat durch sein Verhalten im Jahre 1944 gezeigt, dass er die vertraglichen Terminbestimmungen keineswegs als sehr streng auffasst*:

Dr. Witz hätte mit dem Druck des ersten Bandes früher beginnen können; die, wenngleich nur mündliche, Zusicherung des Herrn Herzers vom 28. Februar 44 (s. S. 8) [hier S. 20] – dass nämlich der Morgarten-Verlag mich als Autor dem Artemis-Verlag abtrete – war absolut eindeutig. Dr. Witz schrieb mir am 13. April (1944):

»Einen sehr langen Brief müsste ich Ihnen schreiben, wollte ich Ihnen alle die Schwierigkeiten auseinandersetzen und verständlich machen, die sich der raschen Erfüllung *Ihres Wunsches* nach unverzüglicher Drucklegung der *Notizen* in den Weg stellen.«

Also, es war »mein Wunsch« – und nicht eine vertraglich festgelegte Verpflichtung! – Die Verzögerung setzt sich fort; erst am 6. Mai (44) meldet mir Dr. Witz, »dass sich nun der Drucker mit Ihrer Arbeit beschäftigt«; und am 8. Juni schreibt mir der Verlag (gez. Ed. Bucher):

»Wie Ihnen Herr Dr. Witz am Telephon schon sagte, haben wir zu unserm Bedauern etwas *länger als vorauszusehen war*, auf die vereinbarten 16 Musterseiten der Satzordnung für Ihre *Notizen* warten müssen.«

(Und so erscheint dann der erste Band schließlich erst im Oktober.)

Waren – zu einem Teil wenigstens – die Gründe der Verspätung des Verlags in diesem Jahr (1944) äußere Umstände (während die Gründe meiner Verspätung am Anfang des folgenden Jahres – der Verspätung, die mir dann Herr Direktor Witz kurzerhand als Vertragsbruch auslegte, – *nur* äußere Umstände waren): Dr. Witz begnügte sich mir gegenüber mit Entschuldigungen über diese Verspätung des Verlages; es fiel ihm offenbar nicht ein, eine *Strenge* der vertraglichen Bestimmung über das Erscheinungsdatum des ersten Bandes vorauszusetzen (und somit wenigstens eine Änderung dieser Bestimmung anzusuchen). Und ich, dachte ich vielleicht daran, dem Verlag gegenüber, auf den Vertrag pochend, grob zu werden oder gar von Vertragsbruch zu reden? Dies konnte nicht in Frage kommen – nicht nur, weil wir in freundschaftlichem Ton miteinander verkehrten und weil ich Verständnis aufbrachte für die wenigstens zu einem Teil die Verspätung bedingenden Schwierigkeiten des jungen Verlags: sondern vor allem auch in Anbetracht *der so wenig scharfen Formulierung der vertraglichen Terminbestimmungen.*

3) Der Verlag redet auch davon (dies betrifft nicht das zentrale Problem), mich für ihm entstandene Unkosten haftbar zu machen, nämlich die Satzkosten der Teile XI und XII. – Es ist eine absolut interne Angelegenheit des Verlags, darüber zu entscheiden, wann mit dem Setzen eines Manuskripts begonnen werden soll; der Autor hat da nicht mitzureden. Über meine Lage aber habe ich Dr. Witz schon am 19. Dez. 44 (vgl. S. 9) [hier S. 24] voll aufgeklärt.

4) Nun beanstandet aber der Verlag auch den *Inhalt* meines Werks, d.h. des zweiten Bandes. Auf einmal.

(Dr. Witz drückt das so aus: das Manuskript in seiner vorliegenden Form könne nicht als *satzreif* betrachtet werden.) Es kämen *Ausfälle* darin vor, gegen die *Neue Zürcher Zeitung*, gegen Holland (in Wirklichkeit sind es soziale und kulturelle Zustände in Holland vor dem Krieg), gegen den Hund (in Wirklichkeit ist es vor allem das Hündische im Menschen), gegen weiß ich was noch. Und solche Stellen müssten gestrichen werden. (Die mehrmals erwähnten Streichungsvorschläge des Herrn Dr. Witz – s. S. 13 [hier S. 30] – sind mir bis heute nicht zugekommen.) – Als ob im ersten Band keine Ausfälle wären!

Als ob ich mein Werk für einen Verlag geschrieben hätte und jemals ändern könnte der opportunistischen Erwägungen eines Verlages wegen! – Als ob man einzelne Sätze herausreißen dürfte, wo doch alle Sätze nur ihren Sinn bekommen durch ihre Umgebung, auf der Grundlage und als Funktion des Gesamten, – und sofort einen anderen Sinn hätten, wenn eine andere Person sie sagte (Karl Kraus konnte daher reden von »der Luft, die meine Sätze atmen«)! – Als ob nicht Kanten, scharfe Zacken, ebenso sehr zu einem Gebirge gehörten, wie Wände, ruhige Gräte – die Dornen nicht ebenso zu einer bestimmten Pflanze wie die Blätter und Blüten! – »Jeder Autor« soll Pascal geschrieben haben, »hat einen Sinn, in dem alle entgegengesetzten Stellen sich vertragen, oder er hat überhaupt keinen Sinn.«

Jedoch, diese soeben vorgebrachten nur geistigen oder literarischen Argumente, was sollten sie einem Artemis-Verlag gegenüber heute noch ausrichten können! Ich habe sie nur beiläufig erwähnt – bevor ich fortfahre:

Ein Vertrag besteht zwischen uns, und zwar über *dieses* Werk (*Die Notizen*): *Der Vertrag setzt den Gegenstand, das Werk, als bekannt voraus.* Nachträglich aber beanstandet der Verlag den Gegenstand: das Werk sei nicht so, wie er möchte, und er *fühle sich nicht gebunden*, das Werk (bzw. dessen zweite Hälfte) in dieser Form herauszugeben.

»Unter diesen Umständen wird der zweite Band Ihrer ›Notizen‹ nur dann in unserm Verlag erscheinen können, wenn Sie die Vorschläge unseres Herrn Dr. Witz in Bezug auf *Streichungen* oder *Änderungen* (sic!) berücksichtigen.« (Vgl. S. 13.) [hier S. 30-31]

Zwei Bauern, A und B, verhandeln und setzen einen Vertrag auf: B wird dem A eine Kuh liefern. Und zwar nicht etwa *irgendeine* Kuh, über die man später noch diskutieren kann, oder eine, die erst noch heranwachsen muss, sondern eine bestimmte, schon ausgewachsene, im Stall von B stehende Kuh. Als Gegenleistung wird A dem B einen Acker abtreten. B liefert diese Kuh. Da schreibt ihm A: »Deine Kuh gibt zu wenig Milch und das Fell hat nicht die gewünschte Farbe. Folglich fühle ich mich *nur dann* zu meiner Gegenleistung verpflichtet, wenn Du machst, dass die Kuh mehr Milch gibt, und ihre Farbe änderst.«

Ja, wenn man dem Gegenstand nachträglich einen andern substituieren würde – bei einem Werk heißt das: es nachträglich schwerwiegend ändern! Nachzuweisen, dass dies bei meinem Werk nicht im geringsten Grade der Fall war, ist das leichteste Ding von der Welt: Noch besitze ich das Grundmanuskript und dieses ist, in drei dicken Bänden, broschiert worden am Anfang des Jahres 1937 (entstanden in den drei Jahren 1934-1936)! – »Dass dieses Ganze mit dem Jahr 1936 abgeschlossen wurde, musste dem Leser zur Kenntnis gebracht werden«, steht in meiner Vorbemerkung zum ersten Band. Die *strenge Einheitlichkeit* des Werks muss ich betonen. – Das Grundmanuskript ist bedeutend umfangreicher als die endgültige Fassung: gar manches habe ich weggelassen, da es mir nicht unbedingt nötig schien. Das ganze spätere Arbeiten an dem Werk bestand, außer im Anordnen, in fortgesetztem Prüfen, Läutern, Ausscheiden; neu hinzugekommen ist, dem Gesamten gegenüber, so gut wie gar nichts.

5) *Wenn aber der Vertrag durch mich wirklich gebrochen worden wäre* – was, wie ich wohl genügend dargelegt habe, von mir vollständig bestritten wird – wenn er dennoch durch mich gebrochen worden wäre: *hätte dann dieser Umstand automatisch dem Artemis-Verlag erlauben können, fortan mit mir als Autor umzuspringen ganz nach seinem eigenen Belieben*?? – So, als ob nun an Stelle des früheren

ein neuer, unsichtbarer Vertrag bestünde, der dem Verlag nur noch Rechte zuerkennt, mir dagegen nur noch Verpflichtungen und gar keine Rechte?? – Hätte nicht in diesem (angenommenen) Fall der Verlag vor allen Dingen – da doch nur der eine von den zwei Vertragspartnern behauptete, der Vertrag sei ungültig geworden – ein Gerichtsurteil erlangen müssen, das den Vertrag als aufgelöst erklärt (und wohl auch im weiteren über Schuld und Forderungsberechtigung entschieden) hätte? Und dann mir sogleich meine bei ihm liegenden Manuskripte aushändigen (statt sie zu behalten, ohne sie zu drucken, und mir mehr als vier Jahre lang überhaupt jede Buchpublikation zu verunmöglichen)?

Genügte es an Stelle davon, dass der Verlag mir einfach *von seiner Seite aus* in eingeschriebenem Brief mitteilte: »Wir betrachten uns unserer *eigenen vertraglichen Verpflichtungen* entbunden«? Zuerst (s. S. 12 und 14) [hier S. 27 und 31]: er könne in Bezug auf den Erscheinungstermin des zweiten Bandes keinerlei Verpflichtungen mehr eingehen; und sieben Monate später »Heute jedoch müssen wir diese Erklärung *auf den ganzen Vertragsinhalt ausdehnen*« (ganz einfach!).

Wenn es so zugehen dürfte, was, beim Himmel! könnte dann irgendein Vertrag überhaupt noch für einen Sinn haben?

Geschichte von der Kuh (Schluss): A schreibt dem B noch: die Kuh sei außerdem auch zu spät geliefert worden, (was er nicht beweisen kann), er habe Unkosten gehabt. Er fühle sich daher seiner eigenen vertraglichen Verpflichtungen entbunden. Wenn er noch einmal etwas B gegenüber leisten werde, so beruhe das auf absoluter Freiwilligkeit. – Er tritt ihm den Acker nicht ab.

Und behält die Kuh.

6) Ich fordere mein Recht – nicht um »erfreuliches Entgegenkommen« bettle ich, von der Art, wie Dr. Beidler es gefunden hat. – Oder wäre, was ich dem Artemis-Verlag vorwerfe, vielleicht (da ich so wenig Glück mit meinen Advokaten hatte) inzwischen in juristischem Sinne *verjährt*? – Wie könnte denn ein Delikt verjährt sein, von dem nicht nur die Wirkungen unverändert fortbestehen, sondern wenn es selber, das diese Wirkungen erzeugende, unverändert fortbesteht? – Oder hat Artemis vielleicht bis zum heutigen Tage auch nur *begonnen*, dieses Verhältnis, das zwischen uns besteht und das meine Lage begründet, diese zu Zeiten fast lachhaft anmutende Lage eines Autors, der zwar einen Verlag hat, einen Verlag aber, der seine Werke nicht herausgibt, jedoch die Manuskripte des Autors zurückbehält und ihm jede Buchpublikation unmöglich macht, – hat Artemis bis heute auch nur einen *Anfang* gemacht, dieses Verhältnis zu ändern? Nein; abgesehen von jenen Vorschlägen, von denen seit ein paar Jahren hie und da einmal die Rede ist, nicht das geringste; diese Vorschläge aber sind ja – abgesehen davon, dass sie bis jetzt immer nur Vorschläge blieben – äußerst belangarm: man kann sagen, dass sie die Gesamtfrage überhaupt nicht berühren. – Oder behält Artemis vielleicht nicht meine Manuskripte, welche sie nicht herausgibt, heute noch zurück, und zwar nicht nur das Manuskript eines großen Teils meines Haupt-

werks seit Frühling oder Sommer 45, *sondern auch das Manuskript eines weitern Werkes seit mehr als vierzehn Monaten*? (Vgl. S. 15) [hier S. 35] – Oder kann ich vielleicht mit einem andern Verlag in Verbindung zu treten suchen? Dadurch würde ich *de facto* den Beweis erbringen, dass ich Artemis recht gebe, d.h. dass der Vertrag wirklich nicht mehr rechtsgültig, sondern durch mich gebrochen worden sei. So hält also Artemis nicht nur mein Hauptwerk blockiert (dessen zweiten Band allein kein Verleger annehmen würde) und nicht nur *Nachnotizen*, sondern auch alle weiteren Werke. (Eine Schrift über Gide z.B. – die am meisten Chance hätte, 1949 herauszukommen, da dies das achtzigste Jahr des Dichters ist –: Einem andern Verlag kann ich sie aus dem oben genannten Grund nicht anbieten; soll ich sie auch noch dem Artemis-Verlag senden, damit sie, nach dem Beispiel der *Nachnotizen*, bis 1950 oder länger dort liegen bleibt, ohne dass ich eine Antwort erhalte?)

Meine Lage aber, wie sie mir aus diesem ungeklärten Verhältnis mit dem Artemis-Verlag entstanden ist, habe ich auf den Seiten 4-6 [hier S. 12-17] eingehend klargestellt.

Eine Klärung dieses Verhältnisses – und ich konnte sie kaum mehr anders als durch Gerichtsurteil erhoffen – habe ich seit drei Jahren, seit ich jenen Brief vom 7. Jan. 46 (s. S. 13) [hier S. 30] erhalten hatte, immer gesucht – wogegen Artemis es vorzog, die Sache jahrelang in Dämmerung hinzuziehen, mir durch meine Vertreter bisweilen vage, dem Ganzen gegenüber bedeutungslose Vorschläge zukommen lassend, welche übrigens nie in Tat umgesetzt wurden.

»Dieses Verhältnis zu klären« – und das heißt: ich fordere mein Recht. – Dies ist: Dass der Artemis-Verlag –

so oder so – das Erscheinen des zweiten Bandes meines Hauptwerks ermögliche; dass ich aus der unheilvollen Verbindung mit diesem Verlag freigegeben werde; und dass der Artemis-Verlag für den Schaden, der mir aus seinem Verhalten seit dem Herbst 45 erwachsen ist, aufkomme.

Ich fordere dies als mein Recht – oder sollte ein Verlag, Artemis oder ein anderer, sich erlauben dürfen, einen Autor einfach vom Leben abzuschneiden, in der Weise, wie dieser Bericht es darstellt? Wenn jenes der Fall wäre, und das heißt: wenn ein Gericht (gleichviel, wie der Artemis-Verlag und seine Juristen die Dinge drehen oder verdrehen) – vielleicht entgegen besserer menschlicher Einsicht, aber durch gewisse Paragraphen gebunden, oder, eher noch, durch das Nichtexistieren gewisser Paragraphen, – dem Artemis-Verlag recht geben würde,

so wäre dadurch der Beweis erbracht worden, dass ein Autor in der Schweiz in rechtlicher Beziehung vogelfrei ist.

(– oder mindestens: unter gewissen Umständen rechtlich vogelfrei werden kann.)

Genf, 1. Jan. 1949 L. H.

Hektogr. Reprod. in 100 Ex.; finanziell ermöglicht durch m. Freund J. K.

DOKUMENTARISCHER ANHANG

Typoskript aus dem Dossier *Zurückgestelltes zum Bericht über Artemis* (SLA-Hohl-B-2-b-472.1)

Zu BERICHT ÜBER ARTEMIS / Aus einer nicht mehr angefügten *Schlussbemerkung*

... Wenn dieser Bericht bisweilen geradezu pamphletartigen Charakter angenommen hat; und es als unangenehm empfunden werden mag, dass man ein Pamphlet schreibt, um sich selbst zu verteidigen: so ist zu bedenken, dass es sich zum großen Teil ja gar nicht um mich handelt, sondern um mein Werk. Oder doch um die unlösbare Einheit zwischen Leben und Werk.

Wer, unter meinen Freunden und Bekannten, sich die Mühe nimmt, diesen Bericht mit einiger Aufmerksamkeit zu lesen, der wird ohne weiteres verstehen, dass er nicht verfasst worden ist, um mich bemitleiden zu lassen, sondern, wie dies der einzige Weg war, um im Maße des mir noch Möglichen (denn: *humana potentia admodum limitata est et a potentia causarum externarum infinite superatur* – Spinzoa), um im Maße des mir überhaupt noch Möglichen zu handeln.

22. 1. 1949 Ludwig Hohl

Rede von Siegfried Unseld aus der Korrespondenz mit dem Suhrkamp-Verlag (SLA-Hohl-B-2-b-353.1)

»Nur die gedruckten Bücher … betrachtet die Welt als Werke«

Ludwig Hohl zu Ehren: Aus Anlass seines 80. Geburtstages (am 9. April 1984)

Suhrkamp Matinee im Zürcher Schauspielhaus, Sonntag, 29. April 1984

Meine verehrten Damen, meine Herren,
ich begrüße Sie und danke Ihnen, dass Sie heute Vormittag hier hergekommen sind, um Ludwig Hohl aus Anlass seines 80. Geburtstags zu ehren. Schriftsteller kann man ehren, indem man ihre Arbeiten liest, mit ihren Themen und Figuren umgeht, ihre Botschaften oder Zeichen in das eigene Leben, Denken, Bewusstsein aufnimmt. Schriftsteller, so hat Max Frisch einmal gesagt, sind Leute, die ihr Leben nicht anders als schreibend bestehen können. Ein solcher Schriftsteller war Ludwig Hohl, ein Schriftsteller *par excellence*, ein Schriftsteller reinsten Wassers. Dem Schriftstellerdasein Ludwig Hohls gilt unsere heutige Matinee. »Mein Name ist Hohl, meine Aufgabe, ihn zu füllen.« Er füllte ihn mit seiner Kunst. »Leben ist gleich Kunstprodukt und Kunstprodukt ist gleich wahrem Leben.« Das eine wie das andere kann man nur durch kontinuierliche Arbeit an sich selbst erreichen, nicht im Großen und Hohen, sondern an den Nuancen und Details. Arbeit, wir wissen es, ist das zentrale Motiv seines Werks:

> Arbeit ist immer ein Inneres; und immer muss sie nach einem Außen gerichtet sein. Tätigkeit, die nicht nach einem Außen gerichtet ist, ist keine Arbeit; Tätigkeit, die nicht ein inneres Geschehen ist, ist keine Arbeit.

Wenn Hohl vom Arbeiten sprach, meinte er auch immer seine eigene Arbeit, seine »Schreib-Arbeiten«:

> Die kleinste Schwere stört. Das Schreiben muss, leichter als ein Blatt ganz von der Sache getragen sein – so, dass die Sache keine Kraft braucht damit – so, dass nur die Sache ist, dass das Schreiben gar nicht ist – so, dass nur das Schreiben mehr ist!

Das Werk Ludwig Hohls steht und besteht. Wer hätte gedacht, dass es einmal möglich sei, die *Notizen* als Band 1000 einer Taschenbuchreihe hervorzuheben! Das Werk führt nun ein Eigenleben, unabhängig von seinem Verfasser, nicht anders hat er es gewünscht und vielleicht auch vorausgesehen.

Lehrreich aber ist es, immer wieder die Bedingungen dieses Schriftstellerdaseins zu untersuchen, den Entstehungsbedingungen dieses Werks nachzugehen, die Einsamkeit seines Verfassers, seine Armut, seinen Kampf für die Veröffentlichung und die entwürdigenden Unterstützungen offizieller Stellen zu verfolgen.

> »Da ich ›freier Schriftsteller‹ bin, nie einen anderen Beruf hatte und auch ganz und gar nicht Journalist bin,

hängen meine Stellung in der Welt und die damit verbundenen Einkünfte ausschließlich davon ab, dass Bücher von mir erscheinen. Es sind nicht die Manuskripte (und möchten sie das Werk eines Montaigne enthalten!), die einen in den Augen der Welt zu einem Schriftsteller machen, sondern die *gedruckten Bücher*! Nur diese betrachtet die Welt als *Werke*.«

Ludwig Hohl und seine Verleger – ein unermessliches Thema, für einen Verleger ebenso lehrreich wie niederdrückend, für den lesenden Zeitgenossen ein wichtiges Stück der Geschichte eines Schriftstellerdaseins. Wenn in den Texten, die Sie heute hören werden, immer wieder dieses leidvolle Thema anklingt, so nicht, weil es meine Absicht gewesen wäre, Ihnen Verlagsgeschichte und Geschichten zu präsentieren, sondern weil diese so wesentlich zum Schriftstellerdasein von Ludwig Hohl gehören. Als ich ihn im Januar 1971 spät, aber nicht zu spät, von Max Frisch aufgefordert und von Adolf Muschg bei ihm eingeführt, in seinem Keller in Genf besuchte, da habe ich zwei große verschnürte Pakete gesehen, das eine trug die Aufschrift: »Notizen – Das Grundmanuskript«, das andere: »Die Sache mit Artemis, neun Jahre.« Die zwei Pfeiler seines Schriftstellerdaseins in zwei Paketen, sein *chef-d'œuvre* und der Kampf um die Veröffentlichung der *Notizen*, der in einem von Hohl gegen Artemis angestrengten Prozess zur Erfüllung des Vertrages kulminierte. Weil der Verlag, also der Beklagte, eine Mängelrüge geltend machte, fand der Prozess nicht vor einem Strafgericht, sondern vor dem Handelsgericht statt. Und hören Sie, wie weise Handelsrichter Hohl gegen die Rüge des Verlages, er habe Gottfried Keller scharf, unangemessen und ungerecht kritisiert, in Schutz nahmen: »Der Abschnitt über Keller überrascht in der Tat durch seine der herkömmlichen Beurteilung gegenüber ungewöhnlich scharfe Auffassung. Bei sorgfältigem Lesen dieses Stückes findet der Leser aber gerade bestätigt, was der Beklagte – der Verlag also – seinerzeit in der ›Bücherpost‹ über den Kläger – Hohl also – schrieb: ›Da ist einer, der alles bedenkt, umdenkt, neu denkt. Er ist ein Rechthaber, aber nicht aus Rechthaberei, sondern aus Gedankenzucht.‹«

Hohl gewann den Prozess. Der Verlag ging noch einmal in eine Revision zum Bundesgericht, und wieder gewann Hohl, der Verlag musste nun den zweiten Band der *Notizen* veröffentlichen. »Die Sache mit Artemis, neun Jahre.« »Die wahren Schriften« – so Hohl – »geben dem Leben nicht recht, aber das Leben wird ihnen recht geben.«

Meine Damen und Herren, hier wird kein Stein geworfen, schon gar keiner von einem Verleger. Sie kennen die Stelle aus Johannes 8, die Pharisäer bringen zu Jesus eine Frau, die auf der frischen Tat des Ehebruchs ertappt wurde, doch er sagte: »Wer unter euch ohne Sünde ist, der werfe den ersten Stein auf sie.« Es ist ja gerade der Rollenkonflikt eines Verlegers, dass er mit mehreren Autoren umgeht, mit mehreren also eine Art Ehebündnis eingeht, während er vom *einzelnen Autor* doch *sehr* wünscht, er möchte nur *einen* Verleger, also nur den einen Ehebund haben, da ist also keiner ohne Sünde.

Hohl war für Verleger kein sonderlich leichter Partner. Er, mit seinem leidenschaftlichen Telefonbedürfnis (seine Telefonrechnungen soll immer Dürrenmatt bezahlt haben), bevorzugte Telefonate zu nächtlicher Zeit. Der Vertrag mit der Arche scheiterte, weil Hohl die ihm von Peter Schifferli zugedachte Vertragsklausel, er, Schifferli, wolle nicht nach 24.00 Uhr angerufen werden, nicht unterzeichnete!

In *Mein Weg* schrieb Hohl, er habe seinen ersten Verleger – Emil Oprecht in Zürich – durch die Hilfe von Albin Zollinger gefunden. Er sagte nicht, was vorher war. Bei der Vorbereitung dieser Matinee, die möglichst unveröffentlichtes Material zum Thema Schriftstellerdasein zeigen will, entdeckten wir etwas, was auch ich nicht wusste: kein anderer, auch Peter Suhrkamp hatte Ludwig Hohls Arbeiten abgelehnt! Hohl hatte sich an ihn aus Den Haag am 17. Dezember 1934 gewandt. Wenig später, am 6. Januar 1935, schrieb Hohl an die Schriftleitung der *Frankfurter Zeitung*: »Herr Peter Suhrkamp hat mir über die Arbeit Lob ausgesprochen, sie aber zurückgewiesen mit dem Hinweis, dass Tageszeitungen von Rang gerne die Texte bringen würden.« In der Tat erschien dann ja auch das *Pariser Fragment* in der *Frankfurter Zeitung*.

Meine Damen und Herren, Ludwig Hohl zu Ehren lesen heute Schriftstellerkollegen vorwiegend aus unveröffentlichten Texten. So begrüße ich sehr herzlich zu unserer Matinee Max Frisch, Peter Bichsel, Peter Handke, Getrud Leutenegger, Adolf Muschg, Otto F. Walter und Jörg Steiner. Jeder von ihnen hatte oder hat eine besondere Beziehung zu Ludwig Hohl und seinem Werk.

Max Frisch liest auf unseren Wunsch seinen Text vor, den er 1943, vor vierzig Jahren also, geschrieben hat, eine der ersten Würdigungen Hohls.

Peter Bichsel liest unveröffentlichte Briefe. In einem von ihnen beantwortet Hohl die Frage Kurt Hillers nach zwei oder drei biographischen Daten in höchst charakteristischer Hohl-Weise.

Peter Handke liest aus der Erzählung *Nächtlicher Weg.*

Gertrud Leutenegger liest aus Briefen an die Jugendfreundin Gertrud Luder.

Adolf Muschg liest Hohl zur Sache Artemis.

Wolfgang Koeppen liest einen Brief, den Hohl zu einer Zeit in Holland geschrieben hat, als auch Wolfgang Koeppen in Holland war.

Otto F. Walter und Jörg Steiner lesen aus den unveröffentlichten Texten der *Nach-Notizen* zum Thema »Schriftstellerdasein«, die *Nach-Notizen* werden jetzt zur Veröffentlichung vorbereitet.

Max Frisch beschließt die Lesung mit drei kurzen Texten aus den *Nach-Notizen* zum Thema »Leben«.

Ich möchte aber doch noch sehr herzlich Frau Madeleine Hohl begrüßen dürfen; in bewundernswürdiger Weise stand sie Hohl in der letzten Lebensdekade zur Seite und in bewunderungswürdiger Weise sammelt, sichtet und bewahrt sie Hohls Nachlass.

NACHWORT

Sandro Zanetti
»Ist mein Werk ein Werk des Kompromisses?«

Ludwig Hohls *Bericht über Artemis* (vgl. Bildteil, Abb. 1a-1c) ist das Dokument einer Verzweiflung. Wie kaum ein anderer Schriftsteller definierte Hohl seine gesamte Existenz über das Schreiben – und ebenso darüber, dass dieses Schreiben in Form eines veröffentlichten Werkes rezipiert werden können *muss*. Seine Schriftstellerexistenz hing ökonomisch wie im intellektuellen Selbstverständnis davon ab, dass seine Werke verlegt und somit gelesen werden können. Vorab gilt dies für *Die Notizen oder Von der unvoreiligen Versöhnung*. Diese entstanden in den Jahren 1934 bis 1936, als Hohl sich in Holland (Den Haag) aufhielt. Hohl begriff *Die Notizen* zeitlebens als sein Hauptwerk. Damit schrieb er der Textsorte der Notiz Werkcharakter zu. Durch die Sudelbücher Georg Christoph Lichtenbergs etwa hatte diese Nobilitierung der Notiz zwar Vorläufer. Aber dass jemand seine *hauptsächliche* schriftstellerische »Arbeit« – so Hohls konsequente Terminologie in diesem Punkt[1] – im geradezu manischen Verfertigen von Notizen sah, ist außergewöhnlich. Diese Konsequenz, ja Uner-

1 Vgl. Ludwig Hohl: *Die Notizen oder Von der unvoreiligen Versöhnung*. Frankfurt a. M.: Suhrkamp 1981, S. 7-40.

bittlichkeit, mag erklären, warum Hohl derart entschieden oder eben verzweifelt auf den Vertragsbruch seitens des 1943 von Friedrich Witz und Edmond Bucher neu gegründeten Artemis-Verlags reagierte: Wenn der zweite Band der *Notizen* nach der 1944 erfolgten Publikation des ersten Bandes mit erheblicher Verzögerung oder gar nicht erscheinen sollte, war die Möglichkeit einer Rezeption des zweibändig konzipierten Hauptwerkes und damit die schriftstellerische Existenz insgesamt infrage gestellt. Das erklärt die Vehemenz, mit der Hohl um sein vertraglich – so sollte man meinen – zugesichertes Recht kämpfte.

Der *Bericht über Artemis* dokumentiert präzise die Situation, in der Hohl sich am 1. Januar 1949 – dies ist das am Ende des Berichts genannte Datum – befand, als er den Bericht in hundert Exemplaren hektografiert an Freunde und potenzielle Fürsprecher verschickte. Darunter befanden sich bekannte Persönlichkeiten aus der schweizerischen Literaturszene und Öffentlichkeit wie Max Frisch, François Bondy, Carl Albert Loosli, Kurt Guggenheim, Gottlieb Duttweiler, Max Rychner, Carl Seelig oder Jonas Fränkel (vgl. Bildteil, Abb. 2). Auch der in Klammern gesetzte Untertitel gibt exakt wieder, was Hohl festgestellt und somit auch dokumentiert haben wollte: *Meine durch den Artemis-Verlag geschaffene Lage*. Diese Lage differenziert und kommentiert Hohl im Bericht selbst »a) in materieller, b) in gesellschaftlicher, c) in psychisch-geistiger Hinsicht« (S. 13-17). Bei aller Nüchternheit steckt der Bericht allerdings auch voll von polemischen Spitzen, poetischen Einschüben, dramatisierenden Elementen – »Was geschah nun weiter?« (S. 21) – und andeutungsreichen

Witzen, so etwa über den Verleger namens »Witz«: ein »schlechter Witz« (S. 21). Aber auch schonungslose Selbstbeurteilungen finden sich darin – »ich vegetierte weiter, ohne die Hand rühren zu können« (S. 25). Die Belastung ging so weit, dass Hohl, wie er sagt, »am Ende einen körperlichen Zusammenbruch erlitt« (S. 29).

Hohl konnte es schlechterdings nicht fassen, dass der Verlag die Herausgabe des zweiten Bandes seiner *Notizen* – nach dem im ersten Band bereits angekündigten Erscheinen im »Frühjahr 1945« – zuerst hinauszögerte und dann mit fadenscheinigen Begründungen gänzlich zu vereiteln trachtete. Das konnte der Autor nicht auf sich sitzen lassen. Allein schon die Tatsache, dass Hohl den Bericht überhaupt verfasste und hundertfach verschickte, macht allerdings deutlich, dass der Bericht nicht nur das Dokument einer Verzweiflung, sondern zugleich Dokument ihrer – zumindest versuchten – Überwindung ist. Gerade die aus dem nüchternen Bericht herausstechenden ungehobelten und ungehaltenen Sätze lassen etwas von der Energie ahnen, mit der Hohl im Anschluss an den Bericht die Strapazen des Prozesses auf sich nahm, die mit der Einreichung der Klage vom 15. Oktober 1949 beim Handelsgericht des Kantons Zürich ihren Anfang nahmen.

Zur Nachgeschichte des Artemis-Berichts

»Sollte an die größte Glocke gehängt werden. Gibt es Gerichte? – Warum sind sie für mich unerreichbar seit 2 ½ Jahren??« (S. 36) – Zum Zeitpunkt der Verfertigung des

Artemis-Berichts konnte Hohl noch nicht wissen, dass er am Ende sowohl den Prozess vor dem Zürcher Handelsgericht (mit dem Urteil vom 4. Mai 1950) als auch jenen vor dem Bundesgericht (mit dem Urteil vom 24. April 1951) gewinnen würde. Der Artemis-Verlag musste den zweiten Band in derselben Aufmachung wie den ersten Band drucken und verlegen. Nur Hohls Schadenersatzforderung wurde nicht stattgegeben. Die Gerichtskosten und die Verfahrenskosten musste am Ende in beiden Prozessen der Artemis-Verlag tragen. Der Band erschien dann zwar trotzdem erst 1954 – also zehn Jahre nach dem ersten. Aber das Hauptwerk war somit als einheitliches in zwei Bänden endlich zugänglich (vgl. Bildteil, Abb. 3a und 3b). 1981, ein Jahr nach Hohls Tod, erfolgte bei Suhrkamp erstmals eine Ausgabe der gesamten *Notizen* in einem Band.

Entscheidenden Anteil am Erfolg des Prozesses hatte der Anwalt Martin Howald, Sohn des bekannten an der Universität Zürich lehrenden klassischen Philologen Ernst Howald. Ihm dankt Hohl im Vorblatt der Erstpublikation des zweiten Bandes ausdrücklich: »Dr. Martin Howald in Dankbarkeit gewidmet.« Im Unterschied zu den im *Bericht über Artemis* erwähnten beiden Anwälten Dr. Werner Stocker (der das Mandat aufgrund seiner Wahl zum Oberrichter im Frühjahr 1946 nicht weiter übernehmen konnte) und Dr. Christian Albert Hitz gelang es ab 1949 dem jungen Anwalt Howald, den ersten Prozess vor dem Handelsgericht und nach der Berufung durch den Verlag auch den zweiten Prozess vor dem Bundesgericht zu gewinnen.

Die Anwaltskosten übernahm vorerst der Schweizerische Schriftsteller-Verein (SSV).[2] Dessen Sekretär Dr. Franz W. Beidler versuchte in den Jahren davor persönlich zwischen dem Artemis-Verlag und Hohl zu vermitteln. Dass Beidler dabei nicht erfolgreich war, kann man in Hohls *Bericht über Artemis* selbst nachlesen. Im Oktober 1948 verfasste Hohl sogar ein Spottgedicht über Beidler – und ebenso über Witz, Hitz und das im *Bericht* ebenfalls erwähnte Vorstandsmitglied des SSV Paul Adolf Brenner (vgl. Bildteil, Abb. 4). Auch (oder gerade) nach der Lektüre des *Berichts* riet Beidler Ende Januar 1949 Hohl noch einmal explizit von »einer prozessualen Austragung der Angelegenheit« ab.[3]

Hohl selbst bewahrte sämtliche Korrespondenz mit dem Verlag sowie alle Unterlagen zum Prozess sorgfältig auf. Eine der Mappen trägt den Titel *Im Sumpf und Dreck* (vgl. Bildteil, Abb. 5). Seit dem Erwerb des Nachlasses 1993 befinden sich all diese Dokumente im Schweizerischen Literaturarchiv (SLA) in Bern. Aus diesen Dokumenten geht hervor, wie engagiert Howald den Autor Hohl unterstützte und wie viel Geduld es seitens des Anwalts zuweilen bedurfte, um die ungehalten vorgetragenen Anlie-

2 In seinem Brief vom 25. Januar 1954 an Howald listet Beidler die finanziellen Unterstützungen seitens des SSV gegenüber Hohl detailliert auf. Auch das Prozessrisiko wurde demnach vom SSV getragen; vgl. SLA-Hohl-B-2-b-552. Die relevanten Dokumente zum Prozess aus dem Nachlass Hohls befinden sich alle im Schweizerischen Literaturarchiv (SLA) in Bern und werden im Folgenden direkt mit der entsprechenden Signatur (SLA-Hohl-B-2-b + Dossiernummer) nachgewiesen.

3 Brief vom 26. 1. 1949, SLA-Hohl-B-2-b-489.

gen des Autors wiederum in eine juristisch ›sitzende‹ Argumentation zu übertragen. Das liest sich gelegentlich wie ein Krimi. Wird sich das Gericht von den Behauptungen des Verlags überzeugen lassen? Wird sich der Standpunkt Hohls als vertragsgemäß auch darstellen und aussichtsreich verfechten lassen? Wie wird das Gericht überhaupt reagieren?

Der Brief von Max Frisch an Friedrich Witz

Vom Moment der Unsicherheit über den Ausgang des Prozesses zeugt die Abschrift eines Briefes von Max Frisch an den Verlagsleiter Friedrich Witz, der auf den 10. Februar 1950 datiert ist (vgl. Bildteil, Abb. 6a und Abb. 6b). Hohls Klage vor dem Zürcher Handelsgericht ist zu diesem Zeitpunkt eingereicht, ebenso hatte Frisch Kenntnis von der Klageantwort, die der Anwalt Dr. René Niederer daraufhin für den Artemis-Verlag verfasste. Jürg Zbinden zufolge schickte Frisch den Brief auf Wunsch von Hohl im Vorfeld des bald zu erwartenden Urteilsspruchs zwar nicht ab.[4] Als Zeitdokument ist der Brief gleichwohl von großer

4 Vgl. Jürg Zbinden: *Sternstunden oder verpasste Chancen. Zur Geschichte des Schweizer Buchhandels 1943-1952*. Zürich: Chronos Verlag 1995, S. 200. Für weitere Informationen zum Hintergrund des Prozesses s. Charles Linsmayer: *Ein typischer Fall von wehrloser Qualität. Ludwig Hohl und der Prozess gegen Artemis*, in: *Ludwig Hohl. Alles ist Werk*, hrsg. v. Peter Erismann, Rudolf Probst und Hugo Sarbach. Frankfurt a. M.: Suhrkamp 2004, S. 57-67.

Bedeutung: Frisch bringt darin auf den Punkt, was am Verhalten des Verlags und des Verlagsleiters im Besonderen Anstoß erregen musste. Für dieses Verhalten findet Frisch sogar noch schärfere Worte als Hohl selbst:

> Dieser Tage hatte ich Gelegenheit, die Klage-Antwort Proz. Dr. 257/1949, verfasst von Dr. René Niederer, der den Artemis Verlag vertritt, zu lesen. Es drängt mich nach dieser Lektüre, Ihnen in aller Form meinen Protest anzumelden gegen diese ungeheuerliche Verunglimpfung eines literarischen Werkes, das, auch wenn es keinen richtigen Verleger gefunden hat, zu den wenigen wesentlichen gehört, die unser Land zurzeit vorzulegen hat. Das literarische Urteil des Herrn Doktor Niederer, den ich nach diesem Zeugnis für einen geistigen Hanswurst halte, würde mich keineswegs aufregen; das erwähnte Schriftstück bleibt aber nicht sein persönliches Urteil, sondern es vertritt die Haltung des Verlages, und darum wende ich mich an Sie, den literarischen Leiter dieses Verlages, der sich diese Beleidigung jeder intellektuellen Existenz nicht verbittet, der sie sogar bezahlt. Ganz abgesehen von der Infamie der Darlegung, die sich nicht scheut, einen Intellekt an seiner Selbstanklage aufzuhängen, und sich inquisitorischer Allüren bedient, um den Klienten von einem Schadenersatz zu entbinden, abgesehen von der sittlichen Minderwertigkeit, die dieses Schriftstück offenbart, kann ich mir nicht vorstellen, wie Sie, der Sie dieses geschmähte Werk vor unseren Augen und Ohren ausgiebig bejaht haben, vor einem intellektuellen Forum sich verantworten wol-

len. […] Mit dem Ausdruck des Protestes: (Sign.:) *Max Frisch*[5]

Frischs Einschätzung macht inmitten der ganzen – sachlich allerdings richtigen – Polemik auf einen Punkt aufmerksam, der seit der merkwürdigen Abwendung des Artemis-Verlags von ›seinem‹ Autor Hohl immer wieder zu denken gegeben hat. Warum bemühte sich der Verlag nach der Abspaltung vom Morgarten-Verlag zuerst geradezu – wie auch Hohl in seinem Bericht festhält – überschwänglich um den wenig bekannten Autor,[6] nur um ihn kurz darauf wie eine heiße Kartoffel fallenzulassen?

5 Zit. n. der abgebildeten Fotokopie. Eine Transkription des Briefes findet sich bereits im Ausstellungskatalog *Max Frisch. Jetzt ist Sehenszeit. Briefe, Notate, Dokumente 1943-1963*, im Auftrag der Max Frisch-Stiftung herausgegeben und mit einem Nachwort versehen von Julian Schütt. Frankfurt a. M.: Suhrkamp 1998, S. 193-194.

6 Max Frisch wusste auch persönlich darum, dass Witz sich für Hohl stark gemacht hatte. Am 12. April 1945 schreibt Witz einen Brief an Frisch, in dem er fragt, »ob sich nicht irgendwo eine Stiftung oder eine private Stelle dazu bewegen ließe, Hohl ein langfristiges Darlehen zinslos und auf zehn Jahre fest zu geben, damit er aus dem Gröbsten herauskommen und sich wieder in einen arbeitsfähigen Zustand hineinleben kann. Gewiss verstehen Sie, lieber Herr Frisch, dass ich mich in dieser bemühenden Angelegenheit an Sie wende. Sie gehören zu den wenigen, die Hohls Geist zu schätzen wissen und die an ihn glauben, und an diesen wenigen ist es nun, irgend eine Hilfeleistung zu unternehmen. Diesen Brief schickte ich im selben Wortlaut auch an Herrn Traugott Vogel, von dem ich weiß, dass er, gleich Ihnen, Hohls Wert und seine künftigen Möglichkeiten erkennt. Gibt es denn nirgends einen Mäzen für diesen einsamen Einzelgänger? Ich bin gerne bereit, zu schreiben oder zu reden, wo und wann immer es

In der Klage-Antwort vom 21. Dezember 1949, auf die Frisch sich bezieht, nennt der Anwalt des Verlags im Wesentlichen zwei Gründe für den »Entschluss zur totalen Ablehnung«[7] der Publikation des zweiten *Notizen*-Bandes. Der erste Grund: Hohl habe seinerseits den Vertrag gebrochen, indem er Teile daraus in Zeitungen und Zeitschriften ohne weitere Absprache mit dem Verlag als Vorabdrucke erscheinen ließ. Der zweite Grund: Hohl habe für den zweiten Band – und dies auch noch mit einigen Verzögerungen – Texte abgeliefert, deren »Qualität immer noch tiefer absank«, so dass zu befürchten gewesen sei, dass der »Aerger der Käufer über Geld- und Zeitverlust« auch den Verlag in Mitleidenschaft gezogen hätte. Die Klage-Antwort hält fest, dass der Autor Hohl »immer wieder in bösartiger Weise das gesunde Empfinden des Lesers in religiöser, künstlerischer, nationaler und allgemein menschlicher Hinsicht gröblichst« verletze. Und weiter liest man in der Klage-Antwort im Sinne einer polemischen Zusammenfassung der Inhalte des zweiten *Notizen*-Bandes:

nützlich scheint.« Zit. n. dem Durchschlag in der Sammlung Artemis (Korrespondenzen, SLA-Hohl-B-2-b-585). Witz erläutert in dem Brief auch die finanziellen Schwierigkeiten des Verlags und der Situation mit Hohl im Besonderen: »dass wir für Hohl bis heute einen runden Betrag von Fr. 10000.– ausgelegt haben, dem ein Einnähmchen von Fr. 1500.– gegenübersteht« (ebd.). Auch vom Ansinnen, »Hohl mitzuteilen, dass wir den Vertrag mit ihm als aufgehoben betrachten«, ist im Brief bereits die Rede.

7 Hier und im Folgenden zit. n. dem Doppel der Klage-Antwort von Dr. René Niederer an das Handelsgericht des Kantons Zürich vom 21. 12. 1949, Proz.Nr. 257/1949 (SLA-Hohl-B-2-b-534, S. 13-14, 25).

> Geistliche sind keusche Aasgeier […]: der Hundevergifter von Oberstraß handelte höchst verdienstvoll […]; die schweizerische Freiheit ist blind, taub und zahnlos […]; Dialekt hindert den geistigen Fortschritt […]; von den sog. schönsten Gedichten Gottfried Kellers können insgesamt nur zwei oder drei halbwegs als Gedichte gelten […], usf. usf.
> Gar nicht zu reden von den Idiosynkrasien des Klägers gegen gewisse Berufe (Aerzte, Redaktoren, Lehrer etc.) oder gegen Tiere (vor allem Hunde und Pferde), der mangels jeden Deutungsversuchs völlig sinnlosen Wiedergabe seiner teilweise obszönen Träume, der schlechthin abstrusen Schilderung seiner psychischen Erlebnisse im Mondwald und Igelwald und schließlich seiner fast auf jeder Seite anzutreffenden phantastischen Selbstüberheblichkeit, die ihn sich unverfroren mit Goethe, Spinoza und Heraklit vergleichen und zuguterletzt dieses Sammelsurium von Unsinn in einem Brief an die Beklagte als »das seit dem Olympischen Frühling repräsentativste Werk der deutsch-schweizerischen Literatur« bezeichnen lässt […].

Die Klage-Antwort schließt dabei unumwunden auf »*geistige Störungen* des Klägers« und stellt auch gleich noch einen »Antrag auf eine unter diesen Gesichtspunkten durchzuführende *psychiatrische Begutachtung seines Elaborates*« (vgl. Bildteil, Abb. 7a bis 7c). Es dürften vor allem diese Stellen gewesen sein, die Frisch dazu bewogen, den Verfasser – »Herrn Doktor Niederer« – »für einen geistigen Hanswurst« zu halten, wobei Frischs Ärger mehr noch auf den Verlag und den Verleger zielte, die sich den Standpunkt des Anwalts faktisch zu eigen gemacht hatten.

Die beiden Hauptvorwürfe des Verlags – unrechtmäßige Vorabdrucke und verlegerische Unzumutbarkeit der »Herausgabe eines derart katastrophalen Machwerkes« – wurden in beiden Urteilen abgewiesen: Die Vorabdrucke konnten genauso gut als Werbung für den zweiten Band verstanden werden, und was den angeblichen Qualitätsabfall des zweiten gegenüber dem ersten Band angeht, so hat das Zürcher Handelsgericht in seiner Urteilsbegründung (vgl. Bildteil, Abb. 8a und Abb. 8b) akribisch nachgewiesen, dass die monierten Inhalte praktisch durchgehend bereits im ersten Band vertreten waren. Außerdem waren diese Inhalte nicht neu, sondern wie diejenigen des ersten Bandes bereits in den Jahren 1934 bis 1936 geschrieben und danach von Hohl nur anders (nicht mehr chronologisch, sondern thematisch) angeordnet. Es blieb aus der Perspektive der beiden Gerichte dabei, dass nicht Hohl, sondern der Artemis-Verlag den Vertrag brach.

Geistige Störungen?

Warum jedoch, noch einmal, wandte sich der Artemis-Verlag so vehement von seinem zuerst geradezu umgarnten, dann heftig verleumdeten Autor Hohl ab? Wenn der Verlagsleiter Friedrich Witz 1969 in seinem Erinnerungsbuch *Ich wurde gelebt. Erinnerungen eines Verlegers* rückblickend schreibt, die abfälligen Stellen gegen »Holland«, das zwischenzeitig »von der deutschen Armee überwalzt wurde«, sowie die »Angriffe auf den damaligen Feuilletonredaktor der *Neuen Zürcher Zeitung*, Dr. Eduard Korrodi«,[8] seien dafür ausschlaggebend gewesen, dann wird man darin höchstens einen Teil der Wahrheit erkennen können.[9] Dass finanzielle Überlegungen eine wichtige Rolle gespielt haben, liegt auf der Hand. Einleuchtender als die Selbstauskunft von Witz ist allerdings die Erklärung, die Jürg Zbinden in seiner Studie *Sternstunden oder verpasste Chancen. Zur Geschichte des Schweizer Buchhandels 1943-1952* von 1995 gibt: Hohl war demnach für den Artemis-Verlag vor allem Mittel zum Zweck, um über ihn, der zeitweilig Unterstützung vom Eidgenössischen Departement des Innern erhielt, die Zusprache und damit verbunden auch die finanzielle Unterstützung für die große Werkausgabe Carl Spittelers zu erhalten.[10]

Diese Interpretation ist schlüssig, zumal von Friedrich Witz ein Brief an den Anwalt René Niederer überliefert ist, in dem Witz den Sachverhalt bestätigt:

8 Friedrich Witz: *Ich wurde gelebt. Erinnerungen eines Verlegers.* Frauenfeld und Stuttgart: Huber 1969, S. 280. Vgl. hierzu auch die Anm. *Dr. Friedrich WITZ* zu S. 7 im Stellenkommentar auf S. 120.

9 Im zweiten Band der *Notizen* von 1954 geht Hohl selbst auf die Holland-Problematik ein, wobei er hier dem Einwand des Verlags durchaus gefolgt zu sein scheint, und zwar bereits 1944: »Ich betone nochmals, wann diese Texte geschrieben wurden: 1934-1936. Eine Anzahl wenig liebenswürdige Stücke über Holland, besser, über holländische Zustände und Eigenschaften, habe ich weglassen müssen, da vor den Riesendimensionen der inzwischen eingetretenen Ereignisse ein Missverstehen nicht zu vermeiden wäre. (1944)«; Hohl, *Die Notizen*, a. a. O., S. 505.

10 Vgl. Zbinden, *Sternstunden oder verpasste Chancen*, a. a. O., S. 194-204.

> Unsere Position wird natürlich dadurch geschwächt, dass wir nicht ohne weiteres zugeben dürfen, zur Übernahme der Werke Ludwig Hohls von einem Beamten des Departementes des Innern, auf dessen Wohlwollen wir in Dingen der Spitteler-Ausgabe angewiesen waren, in gewisser Weise unter Druck gesetzt worden zu sein. Es ist nun einmal so, und ich möchte das wenigstens in diesem Schreiben an Sie festgehalten haben, dass von Bern aus zuerst dem Morgarten-Verlag und später dem Artemis Verlag die Übernahme der Hohl-Werke so eindringlich empfohlen wurde, dass ein Vertragsabschluss mit Hohl von beiden Verlagen aus wie eine Art *conditio sine qua non* in Bezug auf die Zurechnung der Spitteler-Ausgabe empfunden wurde. Leider liegen über diese Vorkommnisse keine Aktenstücke vor, da sich alles auf telephonischem Wege oder über persönliche Besuche von Herrn Max Altorfer abspielte. Gültig auf jeden Fall aber ist, dass sowohl der Morgarten-Verlag wie der Artemis Verlag der festen Meinung waren, die Zuteilung von Unterstützungsgeldern an Hohl durch das Departement des Innern lasse sich als positive Werkbeurteilung deuten.[11]

Belegt ist zudem, dass die über Max Altorfer – die von Hohl im Artemis-Bericht erwähnte »Persönlichkeit des eidgenössischen Departments des Innern« – zustande gekom-

11 Brief von Friedrich Witz vom 3. November 1949 an René Niederer; zit. n. Zbinden, *Sternstunden oder verpasste Chancen*, a.a.O., S. 194.

mene Unterstützung spätestens im Verlauf des Prozesses vor dem Zürcher Handelsgericht wegbrach. Das ging so weit, dass sich der damalige Bundesrat Philipp Etter – Ende der 1930er-Jahre einer der Wortführer der sogenannten ›Geistigen Landesverteidigung‹ – im Zuge des Artemis-Prozesses ausdrücklich weigerte, die ab 1941 erfolgte finanzielle Unterstützung Hohls im Rahmen des »Arbeitsbeschaffungskredites für Künstler und Geistesarbeiter« als qualitative »Auszeichnung« auszulegen bzw. die Unterstützung, die »unter dem sozialpolitischen Gesichtspunkt der Arbeitsbeschaffung« erfolgt sei, überhaupt bekanntzumachen (vgl. Bildteil, Abb. 9a und 9b).[12]

Mit anderen Worten: Der Artemis-Verlag war auf Hohl nicht mehr angewiesen, und zwar bereits ab 1945, was den Umschwung in der Kommunikation mit Hohl seit der 1944 erfolgten Publikation des ersten Bandes erklärt. Nur hatte der Verlag die rechtliche Situation verkannt und offenbar auch nicht mit dem Temperament, dem Durchsetzungswillen und der Kompromisslosigkeit von Hohl gerechnet. Die Taktik des Verlags, sich auf »*geistige Störungen* des Klägers« zu kaprizieren, war nicht nur, wie Max Frisch festhielt, ein Akt »der sittlichen Minderwertigkeit«, der außerdem eine unheimliche Kontinuität zur Sprache des Dritten Reichs offenlegt, sie war auch schlicht unklug im Hin-

12 Vgl. hierzu den Brief von Bundesrat Etter an Martin Howald vom 25. Februar 1950 (SLA-Hohl-B-2-b-558) sowie die weiteren Hinweise zu Etter und Max Altorfer (Anm. *Persönlichkeit des eidgenössischen Departments des Innern* zu S. 10) im Stellenkommentar auf S. 122.

blick auf das Urteilsvermögen sowohl von Hohl als auch der Richter in den beiden folgenden Prozessen.

Interessant ist in diesem Zusammenhang, wie Hohl selbst auf eine Reihe weiterer Dokumente des gegnerischen Anwalts reagierte, indem er seine Kommentare direkt von Hand in die erhaltenen Durchschläge eintrug – »Verdrehung um 180°«, »falsch im primitivsten Sinne«[13] (vgl. Bildteil, Abb. 10a und Abb. 10b) – oder mit der Schreibmaschine selbst weitere Stellungnahmen zu konkreten Vorwürfen produzierte (»das betrachte ich als hundertprozentigen Unsinn«[14]). Ganz nüchtern wiederum hält Hohl im Januar 1950 in seinen Bemerkungen zur Klage-Antwort von René Niederer vom 21. Dezember 1949 fest: »Was hat die psychische Verfassung, in der ich schreibe, mit dem Gegenstand des Prozesses zu tun?«[15] Oder noch ausführlicher:

> Soll man überhaupt auf dergleichen unverschämte Äußerungen, wie »Antrag auf psychiatrische Begutachtung seines Elaborates«, eingehen? Ist es nötig, zu sagen, dass mein »Elaborat« nicht eine psychiatrische, sondern allein eine literarische Begutachtung verlangen kann, oder vielmehr, dem literarischen Gericht untersteht, welches

13 Zit. n. dem Doppel der Eingabe von René Niederer vom 27. Februar 1950 an das Handelsgericht des Kantons Zürich zur Substantiierung des Eventualstandpunktes, handschriftlich kommentiert von Hohl (SLA-Hohl-B-2-b-466.4, S. 7-8).

14 Zit. n. dem Typoskript mit Bemerkungen Ludwig Hohls vom 21. Januar 1950 zur Klage-Antwort von René Niederer vom 21. Dezember 1949 (SLA-Hohl-B-2-b-470.22, S. 13).

15 Ebd., S. 21.

> freilich nicht in einem Raum zusammentreten kann, sondern durch die Zeiten hin verstreut ist [...]? [...]
> Ich würde Herrn Dr. N. keine geistigen Störungen vorwerfen, nur ein geistig etwas ... bescheidenes Ausmaß. Denn wie würde er sonst, der doch juristische und praktisch-gerichtliche Erfahrungen hat, annehmen, dass irgend einem Gericht gegenüber Argumente durch Schmähungen ersetzt werden können?[16]

Hohl sollte Recht behalten. Und als es schließlich zum Prozess vor dem Bundesgericht kam, zögerte Hohl erneut nicht, zumindest gegenüber dem eigenen Anwalt Martin Howald im Januar 1951 seinen Standpunkt unmissverständlich darzulegen, vor allem, was die wiederholt von der gegnerischen Seite vorgetragene Bitte um psychiatrische Begutachtung angeht (vgl. Bildteil, Abb. 11a und Abb. 11b):

> Ja, warum wohl die Vorinstanz »dann überhaupt nicht auf diesen Antrag (der psychiatrischen Begutachtung des Werks) eingetreten« ist? Ich nehme an, weil sie nicht gerne in den Ruf der Geistesschwachheit kommen wollte. Weil sie zweifellos wusste, dass »ein Kunstwerk psychiatrisch begutachten« *a priori ein absurdum* ist. Ein Werk der Literatur oder irgendeiner Kunst kann nur literarisch oder kunstkritisch begutachtet werden.
> Herr Dr. N. hat offenbar nicht gewusst, was das griechische Wort Psyché bedeutet: und dass das Objekt der

16 Ebd., S. 31-32.

Psychiatrie ausschließlich der Mensch und vielleicht auch noch Tiere sein können, d.h. ein lebendiges Wesen, niemals aber eine Sache, z.B. eine Landschaft, ein Kunstwerk oder ein Kuchen.

Was soll herauskommen, wenn ein Psychiater den »Erlkönig«, den »König Lear«, das Werk von Joyce oder die Bilder Picassos *psychiatrisch* begutachten sollte? Nichts wird herauskommen, weil kein Psychiater dieses Unternehmen auch nur versuchen kann. [...]

Kann man eine Zuckerbäckerei sportlich begutachten, z.B. ringrichterlich? Wenn aber der Ringrichter die Torte frisst und sie gut oder schlecht findet, hat er sie nicht ringrichterlich begutachtet, sondern gastronomisch. – Und andere sind vielleicht gastronomisch höher entwickelt als er.

Ein Werk der Literatur (oder eine Landschaft oder einen Kuchen) »psychiatrisch begutachten« ist ein absurdum a priori. [...]

Wenn aber *der Autor* als völlig wahnsinnig erklärt würde und es wirklich wäre: was würde denn dadurch an dieser Auseinandersetzung, in der es um das Werk geht, geändert werden können? Würde vielleicht dadurch die Herausgabe des Werks »unzumutbar«?

(Wie das Herausgeben der Werke Hölderlins, Nietzsches, Robert Walsers u.s.w. unzumutbar geworden ist? Wie die Preise der Bilder van Goghs gesunken sind, seit man weiß, dass er Epileptiker war – und aus demselben Grunde die Schriften Flauberts, Dostojewskis, Paulus' nicht mehr verlegt noch gelesen werden können? [...])

(Ich will damit nicht andeuten, dass ich vielleicht geisteskrank sei oder interniert werden müsste. Meiner Meinung nach sollte nicht ich interniert werden, sondern mindestens 50 % der anderen Leute – was man dem Gericht nicht unbedingt zu sagen braucht … Ich halte mich nicht für wahnsinnig – was ja freilich keinen Gegenbeweis darstellt –, wohl aber einen gewissen Advokaten in Zürich – dem man es nicht unbedingt zu sagen braucht und vor allem nicht öffentlich, er ist schon arm genug dran – für blödsinnig.)[17]

Kompromisslosigkeit

Hohls *Bericht über Artemis* bildet den Auftakt zu einer umfangreichen Produktion von Texten, zu denen die beiden Gerichtsurteile ebenso gehören wie die zahlreichen Briefe und Dokumente seitens Hohls und seines Anwaltes sowie des Artemis-Verlags und der nach der Urteilsverkündung erfolgten Berichte in den Zeitungen, die im Übrigen durchgehend wohlwollend vom jeweiligen Prozessausgang berichten (vgl. Bildteil, Abb. 12).[18] Hohls Haltung

17 Zit. n. dem Typoskript mit Bemerkungen Ludwig Hohls vom 21.01.1951 zur Berufungsschrift von René Niederer an das Bundesgericht vom 15.11.1950 (SLA-Hohl-B-2-b-470.23, S. 5-6).

18 Hohl selbst bewahrte die entsprechenden Zeitungsberichte auf; vgl. SLA-Hohl-B-2-b-543/588 sowie *Die Nation* vom 24.05.1950, *Die Tat* vom 8.11.1950, *Die Weltwoche* vom 10.11.1950, *Tages-Anzeiger* vom 10.11.1950, *National-Zeitung* vom 18./19.11.1950, *Die neue Zeitung* vom 14.12.1950, *Tribune de Genève* vom 5./6.03.1955. Was die Rechte von Schriftstellern und Schriftstellerinnen gegenüber ihren Verlagen angeht, so wird der Prozess

war dabei ebenso durchgehend kompromisslos, was auch damit zusammenhängen dürfte, dass der Autor es gewohnt war, mit seinem Schreiben eine eigene Form der Wirklichkeitssetzung zu betreiben. In einem Brief an seinen Anwalt Martin Howald vom April 1950 hielt Hohl etwa fest (vgl. Bildteil, Abb. 13):

> Wie, woher, bei meiner Seele! bei der Stärke des Atoms! käme Ich dazu, wo es sich um mein Werk handelt, einen Kompromiss zu machen?!?! Ist mein Werk ein Werk des Kompromisses? [...]
> Unser Leben, freilich, ist vorwiegend eine Angelegenheit des Kompromisses; aber an *einer* Stelle sollte jeder Mensch nie einen Kompromiss schließen: an seiner hauptsächlichen.[19]

Diese Kompromisslosigkeit hätte im Übrigen fast dazu geführt, dass Hohl die Argumente seines Anwalts wie auch am Ende diejenigen der beiden Gerichtsurteile über den Haufen warf. Denn diese Argumente beruhten ganz wesentlich darauf, dass Hohl *Aphorismen* schreibe – und da diese immer wieder neu zu lesen seien, sollten auch die nicht abgesprochenen Vorabdrucke von einzelnen Teilen

immer wieder als wegweisend eingeschätzt. Für Hohl selbst bedeutete der Gewinn des Prozesses auch eine Form der Rehabilitation und Anerkennung. Angesichts der kräftezehrenden Zermürbung, die ja nicht aus der Welt zu schaffen war, fällt es allerdings schwer, von einer Genugtuung zu sprechen.

19 Zit. n. dem Typoskript des Briefes von Hohl an Howald vom April 1950 (SLA-Hohl-B-2-b-477).

des zweiten Bandes nicht ins Gewicht fallen, vielmehr zu erneuter Lektüre einladen.[20]

Das Argument verfing. Aber es entsprach durchaus *nicht* Hohls eigener Auffassung seiner *Notizen*, wie er in der zehnten von dreizehn »Richtigstellungen« vom 1. Mai 1950 (am Tag der Arbeit …) für sich und vermutlich auch für seinen Anwalt festhielt: »›Aphorismus‹, ›Aphorismen‹: Wann habe ich das Werk als Aphorismus bezeichnet?«[21] Als dann im Januar 1954 endlich der zweite Band der *Notizen* erschien,[22] legte Hohl Wert darauf, auch dieses letzte Missverständnis noch auszuräumen: »Das Werk – was immer es sei – kann jedenfalls nicht richtig erfasst werden, be-

20 So hält etwa das Urteil des Zürcher Handelsgerichtes explizit fest, »dass der Kläger in seinen ›Notizen‹ neben dem Essay den aphoristischen Stil pflegt, dessen Wesen gerade darin besteht, angriffig zu sein. Der Aphorismus will anregen, zum Aufschauen zwingen oder durch die geschliffene Form glänzen und überraschen. Darin besteht sein Reiz und das Gefährliche seines Reizes.« Und zuvor: »Der Reiz von Aphorismen liegt nicht in ihrer Neuheit, sondern in ihrer Form und ihrem Gedankengehalt. Sie können immer wieder von neuem gelesen werden. Daher wird ein Werk, wie es die ›Notizen‹ sind, durch Vorabdrucke durchaus nicht entwertet, im Gegenteil, sie machen den Schriftsteller bekannt und ermuntern den Leser, der daran Gefallen gefunden hat, später an Stelle der wenig dauerhaften Gestalt des Zeitungspapiers und der lückenhaften Wiedergabe das ganze Werk als Buch zu erwerben […].« Urteil des Handelsgerichtes des Kantons Zürich vom 4. Mai 1950 (SLA-Hohl-B-2-b-466.6, S. 4-5, 14).

21 Zit. n. dem Typoskript mit »Richtigstellungen« von Ludwig Hohl vom 1. Mai 1950 »Zu dem während der Hauptverhandlung von Dr. Niederer Vorgebrachten« (SLA-Hohl-B-2-b-477, S. 2).

22 Beim Vergleich der beiden Bände fällt auf, dass der zweite Band auf dünnerem, billigerem Papier gedruckt wurde, außerdem fehlt auf dem Schutzumschlag der Hinweis auf den Artemis-Verlag.

vor man seine Einheitlichkeit erfasst hat. Es ist nicht eine Sammlung von Aphorismen!«[23]

Was auch immer *Die Notizen* nun gewesen sein mögen: Der Hinweis im Untertitel – *Von der unvoreiligen Versöhnung* – lässt ahnen, dass Hohl es seinen Leserinnen und Lesern mit der Versöhnung wirklich nicht leicht gemacht hat. Als Siegfried Unseld am 29. April 1984 – dreieinhalb Jahre nach Hohls Tod – die in diesem Band abgedruckte Rede (vgl. S. 55 ff.) hielt, war Hohl endlich ein anerkannter Schriftsteller, der neben Max Frisch und Friedrich Dürrenmatt auch eine damals jüngere Generation von Schreibenden zu begeistern wusste: Peter Bichsel, Peter Handke, Gertrud Leutenegger, Adolf Muschg (vgl. Bildteil, Abb. 14). Zu nennen wäre auch der viel zu früh (1972) verstorbene Liedermacher Mani Matter, der sich in seinen *Sudelheften* mit Hohls Arbeitsbegriff auseinandersetzte und darin zu Recht »etwas beängstigend Maßloses«[24] erkannte. Dieses Maßlose ist ebenso wie die Bereitschaft zum Streit – zur Polemik – kennzeichnend für Hohls Werk. Und was Hohl mit dem *Bericht über Artemis* an Texten in Gang setzte, hat seinerseits die Qualität eines Werkes: eines Werkes, das so lange eines ist, wie die in Aussicht gestellte Versöhnung nicht voreilig dem Ärgernis weicht, das diese Texte immer *auch* zu sein beanspruchen.

23 Zit. n. der Ausgabe von 1954. In der Suhrkamp-Ausgabe von 1981 mit Hohls überarbeitetem, kurz vor seinem Tod am 3. November 1980 verfasstem Vorwort vom Oktober 1980 erscheint der Satz dann ganz recte und ohne Ausrufezeichen.

24 Mani Matter: *Sudelhefte*, hrsg. v. Joy Matter. Zürich und Köln: Benziger 1975, S. 113.

Das Gericht ist nicht zum Kunstrichter berufen – Rückblick auf den Prozess von Ludwig Hohl gegen den Artemis-Verlag

Mit Klage vom 15. Oktober 1949 gelangte Ludwig Hohl, vertreten durch Dr. Martin Howald, einem jungen Rechtsanwalt, gegen die Artemis Verlags-Aktiengesellschaft an das Handelsgericht des Kantons Zürich, um zu erreichen, dass der zweite Band der *Notizen* gedruckt und in Vertrieb gebracht wird. Des Weiteren wurde um Schadenersatz wegen Verzugs der Publikation ersucht. Schließlich beantragte der Rechtsvertreter Gewährung des Rechts zur unentgeltlichen Prozessführung, da Hohls »Verdienst sozusagen gleich Null« sei. Die Beklagte hingegen war durch ein schon damals und immer noch führendes Zürcher Wirtschaftsanwaltsbüro vertreten. Mit Urteil vom 4. Mai 1950 wurde die Klage auf Publikation gutgeheißen, das Schadenersatzbegehren hingegen mangels tauglicher Beweismittel abgewiesen. Artemis gelangte in der Folge an das Schweizerische Bundesgericht. Dieses bestätigte das erstinstanzliche Urteil. Nach langem, Ludwig Hohl wiederum zermürbendem Hin und Her wurde der zweite Band 1954 endlich von der Beklagten publiziert.

Die Urteilsbegründung des Handelsgerichts, die sich ausführlich mit den Argumenten beider Parteien sorgfältig auseinandersetzt, behandelt zum einen seine Kognitionsbefugnis (welchen Sachverhaltsumfang muss das Gericht bei der Beurteilung berücksichtigen) und zum andern den grundlegenden Rechtsgrundsatz von Treu und Glauben respektive das Verbot widersprüchlichen Verhaltens.

***

Die Beklagte behauptet vor allem, sie sei vom Vertrag zurückgetreten, weil ihr dieses Werk nicht zugemutet werden dürfe, da durch dessen Herausgabe eine »schwere Beeinträchtigung des verlegerischen Ansehens« drohe.

Das Gericht hält dazu Folgendes unmissverständlich fest: »Diese Fragestellung kann von vornherein nicht als Ausgangspunkt für die rechtliche Erörterung des Rücktrittsrechts des Verlegers genommen werden. Das Gericht ist seinem Wesen nach nicht zum Kunstrichter berufen, und es kann daher auch nicht Sache des Handelsgerichtes sein, das streitige Manuskript vom literaturkritischen Standpunkt aus zu beurteilen und zu entscheiden, ob es an sich wert ist, vervielfältigt und verbreitet zu werden.« Und es fährt fort: »Das Rechtsverhältnis zwischen Verfasser und Verleger beruht auf Vertrag. In erster Linie stellt sich daher die Frage, ob das vom Verfasser gelieferte Werk vertragsgemäß sei. [...] Ist dagegen das Werk vertragsgemäß, so spielt das Ansehen des Verlages keine Rolle; wenn die Beklagte bei Vertragsabschluss dieses zu wahren unterlassen hat, so ist es nicht Aufgabe des Gerichtes, das nachzuholen.«

Um vor oberer Instanz dem allfälligen Vorwurf einer fehlenden hinlänglichen Sachverhaltswürdigung zu begegnen, geht das Handelsgericht trotz dieser klaren und eindeutigen Erwägungen auf die einzelnen teilweise nur polemischen und verunglimpfenden Mängelbehauptungen der Beklagten allgemein ein, wie zum Beispiel »Gestotter und Expektorationen des Klägers über sich selbst und seine rein persönliche Nichtigkeit«, »in verschiedenen Varianten anzutreffende Feststellungen«, seine »Ressentiments gegen die Geistlichkeit, gegen Zeitungsredaktionen, gegen Holland, gegen Hunde, gegen die Schweizer und die Schweiz, gegen bestimmte Berufe (Lehrer, Aerzte, Apotheker)«, »alles bestenfalls für den Psychiater brauchbar, dessen Konsultation wir dem Kläger dringend anraten möchten!«, »abgesehen von einer Anzahl mehr oder weniger geschmacksvoller Histörchen, rein persönlicher Wirtshaus- und anderen nichtssagenden Erinnerungen...«, »der Verfasser schwadert«, »Was aber soll in aller Welt ein erwachsener und vernünftiger Leser mit diesen infantilen Bekenntnissen anfangen?«, »Wenn sich aber ein solcher poetischer Stümper und ärgerlicher Hölderlin-Imitator in dieser einfältigen Weise über wirkliche Dichtung hermacht, um dabei geifernd seine eigene Ohnmacht abzureagieren, so stellt sich zweifellos nicht nur bei mir, sondern auch bei jedem anderen Leser ein akuter geistiger Brechreiz ein«. Dem Autor werden zudem viele Wiederholungen und teilweise fehlende Gliederung, keine objektive Thematik vorgeworfen. Das Handelsgericht gelangt wiederum zum gleichen Schluss wie oben: »Soweit jedoch die Bemängelung der literarischen, künstlerischen oder wissenschaftlichen Qualität eines Werkes in Frage steht, ist die Anwendung werkvertraglicher Bestimmungen abzulehnen.« Diese würden sich – so das Gericht weiter oben – auf die äußere Form wie Unleserlichkeit des Manuskripts, offensichtliche orthographische und grammatikalische Fehler, unübersichtliche Änderungen und Ergänzungen beziehen. »Denn die Beurteilung kann sich hier kaum objektiver Maßstäbe bedienen, sondern ist abhängig vom künstlerischen, politischen oder weltanschaulichen Standpunkt des Betrachters und seiner Zeit. Dementsprechend ist die Würdigung eines Werks von Mensch zu Mensch, von Generation zu Generation, von Land zu Land, von einer sozialen Klasse zur andern mehr oder weniger verschieden, wofür die Literaturgeschichte mannigfaltige Beispiele bietet. So können Stellen, welche vom einen als Mängel empfunden werden, vom andern als eigentliche Vorzüge eines Werks angesehen werden. Aus diesem Grund darf die Entscheidung, ob ein Werk inhaltlich in seiner Qualität vertragsgemäß sei, nicht dem völlig ungewissen Urteil des Verlegers oder von Sachverständigen anheimgestellt werden. [...] Kann der Verleger nicht darauf vertrauen, dass der Verfasser ein ihn inhaltlich befriedigendes Werk abliefere, so muss er sich eben durch eine vertragliche Rücktrittsrechtsklausel sichern, oder die inhaltlichen Anforderungen so bestimmt umschreiben, dass die Abweichungen des Werkes davon ohne weiteres objektiv erkennbar sind.«

***

Das Handelsgericht stellt weiter fest, es sei entscheidend, dass der Beklagten die »*Thematik*« des ganzen Werks aus dem Vorwort des zunächst im Selbstverlag des Klägers erschienenen ersten Teil der *Notizen* (*Vom Arbeiten*, Genf, 1943) bekannt war. Und vor allem wies Hohl in seinem

Vorwort des *Ersten Bandes (I.-VI. Teil)* wiederum auf die zwölf Teile hin, die »*in zwei Bänden erscheinen*« sollten. Am Schluss des Textes heißt es dann auch folgerichtig »Ende des ersten Bandes«. Die Beklagte hat den ersten Band (samt Vorwort) vollumfänglich vorbehaltlos angenommen. Das Manuskript des ersten Bandes lag bei Vertragsabschluss vor. Für den zweiten Band wurde nichts über die Anforderungen ausdrücklich vereinbart. Der erste Band habe deshalb als »*Maßstab*« zu gelten, zumal der erste Band der *Notizen* »nach Auffassung des Klägers mit dem zweiten Band ein geschlossenes Ganzes« bilde. Das Gericht weist weiter auf die freundschaftliche Entgegennahme des ersten Teils der *Notizen* durch den Verlagsdirektor und dessen Verhalten schon im Zusammenhang mit der Übernahme des Verlagsvertrages von Hohl mit dem Morgarten-Verlag hin: »Dass die Beklagte ohne den zweiten Teil zu kennen und ohne einen Vorbehalt zu machen, sich zur Herausgabe des ganzen Werkes verpflichtete, beweist, dass die Persönlichkeit des Klägers und seine übrigen Werke ihr genügend Gewähr für die Qualität des zweiten Bandes boten.« Die inhaltlichen Kritikpunkte der Beklagten verwirft das Gericht vollumfänglich, weil sich diese »zur Hauptsache« auf Eigenschaften beziehen, die schon im ersten Band vorhanden sind. »Die Beklagte hat lediglich ihre Einstellung geändert, was sie hier (im ersten Band) mit dem Wort ›ketzerisch‹ gleichsam positiv bewertete, dort als ›Abladung aufgestauter Ressentiments und Idiosynkrasien‹ brandmarkt.« Mit anderen Worten handelte also die Beklagte widersprüchlich.

Artemis hat das berechtigte Vertrauen auf Erscheinen des zweiten Bandes nicht nur durch den Verlagsvertrag bestätigt. Dass die Publikation des ersten Bandes, die der Rechtsvertreter der Beklagten am Schluss seiner emotionalen Klageantwort als »bedauerlichen Missgriff« bezeichnet, präjudiziellen Charakter hat, wusste er wohl genau und versuchte daher umso mehr sowohl den Autor als auch das Gericht einzuschüchtern. Mit der Verweigerung der Publikation des zweiten Bandes hat der Verlag gegen sein eigenes früher konsequentes Verhalten zuwidergehandelt und sich damit widersprüchlich verhalten, was gegen den allgemeinen Rechtsgrundsatz des Handelns nach Treu und Glauben verstößt und deshalb keinen Schutz verdient.

***

Dieses Urteil entspricht nach wie vor konstanter Rechtsprechung und ist für die Beurteilung der Autorenrechte maßgeblich. Hohl und sein Rechtsanwalt haben sich der gesellschaftlichen und finanziellen Übermacht des Artemis-Verlages entgegengestellt und damit nicht nur für sich gekämpft.

Marcus Sartorius

BILDTEIL

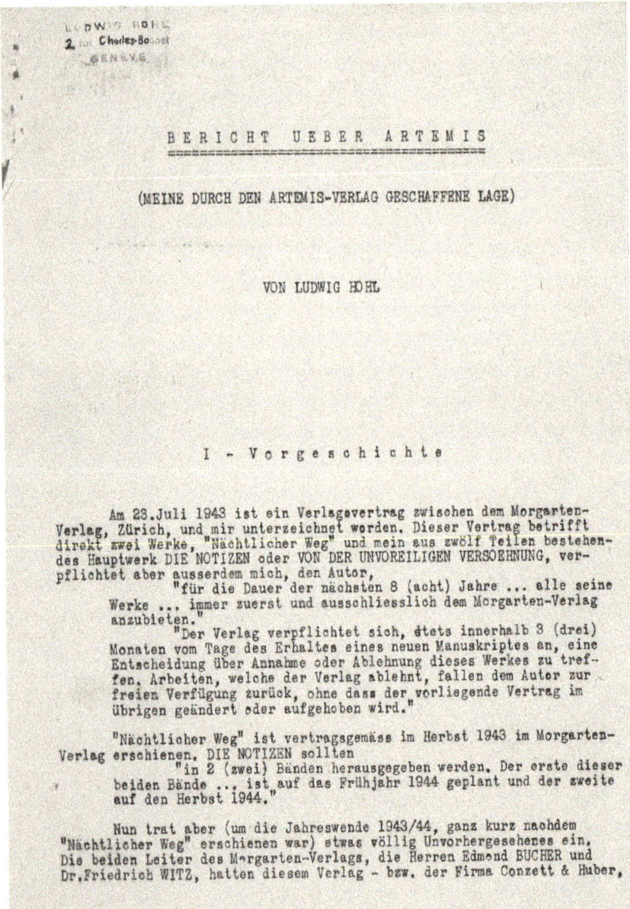

B E R I C H T   U E B E R   A R T E M I S

(MEINE DURCH DEN ARTEMIS-VERLAG GESCHAFFENE LAGE)

VON LUDWIG HOHL

I - V o r g e s c h i c h t e

Am 23.Juli 1943 ist ein Verlagsvertrag zwischen dem Morgarten-Verlag, Zürich, und mir unterzeichnet worden. Dieser Vertrag betrifft direkt zwei Werke, "Nächtlicher Weg" und mein aus zwölf Teilen bestehendes Hauptwerk DIE NOTIZEN oder VON DER UNVOREILIGEN VERSOEHNUNG, verpflichtet aber ausserdem mich, den Autor,

"für die Dauer der nächsten 8 (acht) Jahre ... alle seine Werke ... immer zuerst und ausschliesslich dem Morgarten-Verlag anzubieten."

"Der Verlag verpflichtet sich, stets innerhalb 3 (drei) Monaten vom Tage des Erhaltes eines neuen Manuskriptes an, eine Entscheidung über Annahme oder Ablehnung dieses Werkes zu treffen. Arbeiten, welche der Verlag ablehnt, fallen dem Autor zur freien Verfügung zurück, ohne dass der vorliegende Vertrag im übrigen geändert oder aufgehoben wird."

"Nächtlicher Weg" ist vertragsgemäss im Herbst 1943 im Morgarten-Verlag erschienen. DIE NOTIZEN sollten

"in 2 (zwei) Bänden herausgegeben werden. Der erste dieser beiden Bände ... ist auf das Frühjahr 1944 geplant und der zweite auf den Herbst 1944."

Nun trat aber (um die Jahreswende 1943/44, ganz kurz nachdem "Nächtlicher Weg" erschienen war) etwas völlig Unvorhergesehenes ein. Die beiden Leiter des Morgarten-Verlags, die Herren Edmond BUCHER und Dr.Friedrich WITZ, hatten diesem Verlag - bzw. der Firma Conzett & Huber,

Abb. 1a bis Abb. 1c: Auszüge aus Ludwig Hohls *Bericht über Artemis* vom 1. Januar 1949.

des Schweiz. Schriftsteller-Vereins ist, indem ich hinzufügte:

"Sollte an die grösste Glocke gehängt werden.
Gibt es Gerichte? - Warum sind sie für mich unerreichbar seit 2½ Jahren ??"

Da aber geschah etwas! Da - ich kann nicht sagen "da fing Brenner Feuer": er brannte lichterloh! Einen flammenden Brief sandte er mir, in welchem der Satz vorkommt:

"Was Dir widerfahren ist, gehört ins Gebiet des Kriminellen."

Er habe, äusserte er im übrigen, den Sekretär des Schweiz.Schriftsteller-Vereins, Dr.Beidler, von meinem Brief an Kenntnis gesetzt (von der Kopie des Briefes an meinen Advokaten, in dem ich ihn zum dritten Mal auffordere, in der Sache des durch den Artemis-Verlag - damals - 9½ Monate zurückbehaltenen Manuskriptes einzuschreiten); ich möchte meinen Anwalt anweisen, alle Akten dem Sekretariat des Schweiz.Schriftsteller-Vereins zu übergeben.

"Ich werde es nicht dulden, dass das Sekretariat den Fall nochmals (wie das nun offenbar durch Hitz doch geschehen ist) verschleppt. (.....) Ich werde den Fall überwachen und sofort einschreiten, wenn (was nach meiner Intervention von heute kaum denkbar ist) es zu einer neuen Verschleppung kommen sollte."

Zu gleicher Zeit traf auch schon ein Brief von Dr.BEIDLER, dem Sekretär des S.S.V., ein, denn dieser wollte nicht zögern, mir zuzurufen,

"dass es selbstverständlich noch Recht in unserem Rechtsstaat gibt, man mag darüber denken wie man wolle. Wir werden also von uns aus die geeigneten Mittel anwenden, um Ihnen zu Ihrem Recht zu verhelfen."

Aber er müsse die Akten erhalten.

Also Wind in den Segeln! - Aber die Stärke des Schiffs?

*

Am 8. September 1948 wurden die Akten der Angelegenheit auf meine Anordnung hin von Herrn Dr.Hitz persönlich dem Herrn Dr.BEIDLER übergeben.

Wenn Dr.Hitz während zweier Jahre (vielleicht etwas unternommen, aber jedenfalls) nicht das Geringste erreicht hatte, so, um es offen zu sagen, hatte ich nicht die kleinste Hoffnung, dass Dr.Beidler, welcher ein sehr leutseliger Herr ist, der es allen gut machen will, und der übrigens mit Geschäften überlastet ist, auch nur ein bisschen mehr für mich ausrichten werde ... schon meine früheren Erfahrungen mit ihm berechtigten mich nicht zu einer solchen Hoffnung. Jedoch: was für einen Sinn konnte es haben, die Akten weiter bei Dr.Hitz liegen zu lassen? Vielleicht noch fünf Jahre? oder zehn? oder mehr? Und vor allem: Bei Dr.Beidler handelte es sich ja nicht nur um eine Privatperson, sondern hinter ihm stand die Autorität des Schriftsteller-Vereins, welchen ich nicht ohne nähere Kenntnis meines Falles lassen wollte, - und wenn es auch nur gewesen wäre, um ihn einmal als Zeugen oder Experten auftreten lassen zu können in einem doch immer noch erhofften Prozess.

Denn, ja, diese Hoffnung hatte mich noch nicht verlassen und sie

Abb. 1b

23

nicht mehr rechtsgültig, sondern durch mich gebrochen worden sei. So hält also Artemis nicht nur mein Hauptwerk blockiert (dessen zweiten Band allein kein Verleger annehmen würde) und nicht nur "Nachnotizen", sondern auch alle weiteren Werke. (Eine Schrift über Gide z.B. - die am meisten Chance hätte, 1949 herauszukommen, da dies das achtzigste Jahr des Dichters ist - : Einem andern Verlag kann ich sie aus dem oben genannten Grund nicht anbieten; soll ich sie auch noch dem Artemis-Verlag senden, damit sie, nach dem Beispiel der "Nachnotizen", bis 1950 oder länger dort liegen bleibt, ohne dass ich eine Antwort erhalte?)

Meine Lage aber, wie sie mir aus diesem ungeklärten Verhältnis mit dem Artemis-Verlag entstanden ist, habe ich auf den Seiten 4-6 eingehend dargestellt.

Eine Klärung dieses Verhältnisses - und ich konnte sie kaum mehr anders als durch Gerichtsurteil erhoffen - habe ich seit drei Jahren, seit ich jenen Brief vom 7.Jan.46 (s.S.13) erhalten hatte, immer gesucht - wogegen Artemis es vorzog, die Sache jahrelang in Dämmerung hinzuziehen, mir durch meine Vertreter bisweilen vage, dem Ganzen gegenüber bedeutungslose Vorschläge zukommen lassend, welche übrigens nie in Tat umgesetzt wurden.

"Dieses Verhältnis zu klären" - und das heisst: ich fordere mein Recht. - Dies ist: Dass der Artemis-Verlag - so oder so - das Erscheinen des zweiten Bandes meines Hauptwerks ermögliche; dass ich aus der unheilvollen Verbindung mit diesem Verlag freigegeben werde; und dass der Artemis-Verlag für den Schaden, der mir aus seinem Verhalten seit dem Herbst 45 erwachsen ist, aufkomme.

Ich fordere dies als mein Recht - oder sollte ein Verlag, Artemis oder ein anderer, sich erlauben dürfen, einen Autor einfach vom Leben abzuschneiden, in der Weise, wie dieser Bericht es darstellt? Wenn jenes der Fall wäre, und das heisst: wenn ein Gericht (gleichviel, wie der Artemis-Verlag und seine Juristen die Dinge drehen oder verdrehen) - vielleicht entgegen besserer menschlicher Einsicht, aber durch gewisse Paragraphen gebunden, oder, eher noch, durch das Nichtexistieren gewisser Paragraphen,- dem Artemis-Verlag recht geben würde,

so wäre dadurch der Beweis erbracht worden, dass ein Autor in der Schweiz in rechtlicher Beziehung vogelfrei ist.

(- oder mindestens: unter gewissen Umständen rechtlich vogelfrei werden kann.)

Genf, 1.Jan.1949 L.H.

Hektogr.Reprod. in 100 Ex.; finanziell ermöglicht durch m.Freund J.K.

Abb. 1c

BERICHT UE. ART. / Verzeichnis der Sendungen

Abb. 2: Von Ludwig Hohl verfertigte Empfängerliste des *Berichts über Artemis.*

Abb. 3a und Abb. 3b: Band 1 (1944) und Band 2 (1954) von Ludwig Hohls *Die Notizen oder Von der unvoreiligen Versöhnung.* Auf Band 2 ist der Artemis-Verlag nicht mehr abgedruckt, ein Ausdruck der Distanzierung von der Publikation.

LUDWIG HOHL
DIE NOTIZEN
ODER
VON DER UNVOREILIGEN VERSÖHNUNG
ZWEITER BAND

Abb. 3b

Okt.48

Ist's, da alles unverändert bleibt,
rätselhaft, was Doktor Beidler treibt?

[illegible]
[illegible]

Meiner Meinung nach treibt er die Zeit.
- Käm' die aber sonst nicht auch so weit?

Freundliches Entgegenkommen habe
er vom Witz gefunden. Welche Labe!

Da ich stets im tiefsten Sumpfe sitz,
will er trösten mich mit solchem Witz!

Nicht ein Haarbreit Weges man gewinnt:
schlechter Witz bleibt wirklich gut gesinnt!

Nicht den Witz erhitzen konnte Hitz;
s'blieb der gleiche alte faule Witz.

Sollte Brenner wohl genügend brennen?
Beidler nicht nur beidlern - sondern trennen?

(Beiden Herrn bemüht er sich zu dienen,
und verdirbt's mit beiden einst von ihnen.)

Brenner hält mit Brennen wieder inne;
- während ich um's einzige Mittel sinne:

Beidler nicht, noch Brenner, Hitz,
stören diesen Narren-Witz.
Helfen kann hier nur <u>der Blitz</u>.

***

Abb. 4: Spottgedicht Ludwig Hohls vom Oktober 1948 über den Sekretär des Schweizerischen Schriftsteller-Vereins (SSV) Dr. Franz W. Beidler, den Leiter des Artemis-Verlags Friedrich Witz, den zeitweiligen (eigenen) Anwalt Dr. Christian Albert Hitz sowie das Vorstandsmitglied des SSV Paul Adolf Brenner.

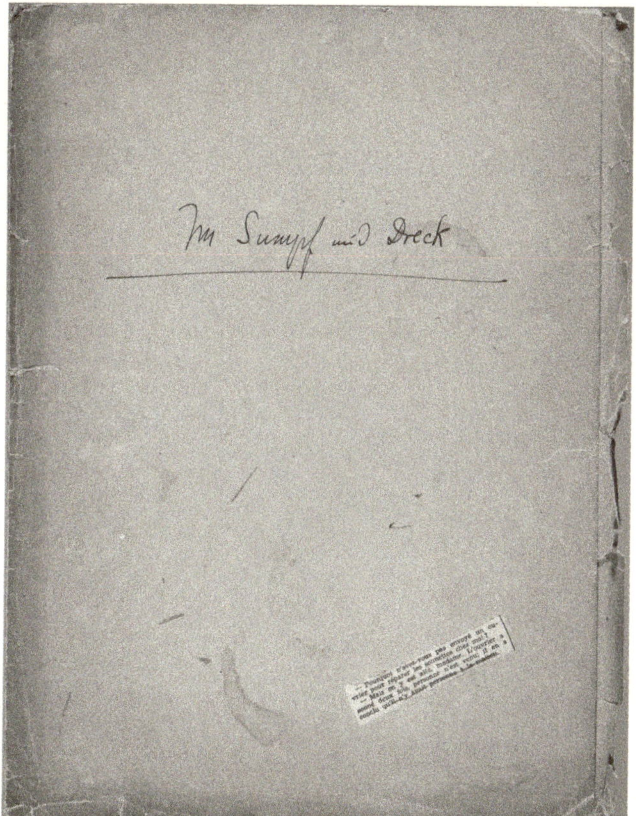

Abb. 5: Umschlag *Im Sumpf und Dreck* mit Prozessmaterialien, darauf geklebt der Witz mit der Türklingel, die geflickt werden sollte; vgl. Stellenkommentar auf S. 122 (Anm. *in Sumpf und Dreck* zu S. 10).

Abschrift

Max Frisch,
Schriftsteller und Architekt
Zürich

10.2.50

An Herrn Dr. Friedrich Witz
Artemis Verlag, Zürich

Betrifft: LUDWIG HOHL

Sehr geehrter Herr Doktor,

Dieser Tage hatte ich Gelegenheit, die Klage-Antwort Proz. Nr. 257 / 1949, verfasst von Dr. René Niederer, der den Artemis Verlag vertritt, zu lesen. Es drängt mich nach dieser Lektüre, Ihnen in aller Form meinen Protest anzumelden gegen diese ungeheuerliche Verunglimpfung eines literarischen Werkes, das, auch wenn es keinen richtigen Verleger gefunden hat, zu den wenigen wesentlichen gehört, die unser Land zurzeit vorzulegen hat. Das literarische Urteil des Herrn Doktor Niederer, den ich nach diesem Zeugnis für einen geistigen Hanswurst halte, würde mich keineswegs aufregen; das erwähnte Schriftstück bleibt aber nicht sein persönliches Urteil, sondern es vertritt die Haltung des Verlages, und darum wende ich mich an Sie, den literarischen Leiter dieses Verlages, der sich diese Beleidigung jeder intellektuellen Existenz nicht verbittet, der sie sogar bezahlt. Ganz abgesehen von der Infamie der Darlegung, die sich nicht scheut, einen Intellekt an seiner Selbstanklage aufzuhängen, und sich inquisitorischer Allüren bedient, um den Klienten von einem Schadenersatz zu entbinden, abgesehen von der sittlichen Minderwertigkeit, die dieses Schriftstück offenbart, kann ich mir nicht vorstellen, wie Sie, der Sie dieses geschmähte Werk vor unseren Augen und Ohren ausgiebig bejaht haben, vor einem intellektuellen Forum sich verantworten wollen. Es steht mir nicht an, Ihnen einen Vorwurf zu

Abb. 6a und Abb. 6b: Fotokopie einer Abschrift des Briefes von Max Frisch an den Leiter des Artemis-Verlags Friedrich Witz vom 10. Februar 1950 (mit freundlicher Genehmigung des Max Frisch-Archivs und der Max Frisch-Stiftung).

2

machen, dass Sie als Verleger langsam den Mut verloren haben; auch in unserm Land ist es schwierig, intellektuellen Mut zu haben, und die allermeisten, die sich das leisten, verstummen in der Versenkung oder schreiben im Ausland. Auch Sie sind ja nicht unabhängig; auch ein Verlag braucht Geld, und das Geld kommt nicht vom Himmel, darüber sind wir uns langsam im Klaren, ja, in diesem Betracht finde ich es ganz in Ordnung, dass Sie das sehr freie Werk von Ludwig Hohl nicht verlegen können, nicht mit diesem Geld; doch was ich nicht verstehe, ist dieses: dass Sie den Rückzug, den Sie antreten müssen, begründen wollen mit einer Verunglimpfung des literarischen Werks, dessen besonderen Wert Sie vor Jahren schon erkannt haben, und dabei handelt es sich ja, selbst wenn der Verfasser im Irrenhaus oder im Gefängnis oder im Penklub sässe, nachwievor um das selbe Werk. Damit, scheint mir, verleugnen Sie sich selbst. Das ist es, was mich betroffen hat, nur das, nicht die geistige Physiognomie des Herrn Doktor Niederer, dem ich die ahnungslose Biedermännerei durchaus glaube. Zur juristischen Seite habe ich wohl kein Recht, mich zu äussern. Darf ich immerhin meine Verblüffung ausdrücken, was die Vorabdrucke betrifft, die Ihrem eifrigen Anwalt als ein Vergehen erscheinen? Als Autor bin ich bei folgenden Verlagen gewesen: Deutsche Verlagsanstalt Stuttgart, Atlantis Verlag Zürich, Benno Schwabe Basel, neuerdings beim Suhrkamp Verlag, vormals S.Fischer Verlag, Frankfurt und Berlin; keinem dieser Verlage ist es jemals eingefallen, Vorabdrucke einzelner Werkteile zu beanstanden oder gar als Schädigung anzusehen. Dies nebenbei. Gleichviel wie das Handelsgericht entscheiden mag, das sich selbst nicht anmassen wird, ein literarisches Gericht zu sein, es bleibt dieses Dokument, das wir, da es von grundsätzlicher Bedeutung ist, nicht zu vergessen gedenken; von grundsätzlicher Bedeutung: wir werden daran sehen, ob der Schriftsteller und Künstler in unserm Land wirklich vogelfrei ist - denn das ist wohl klar, dass ich mir beispielsweise als Architekt eine solche Fach-Schmähung, wie sie hier gegenüber einem Schriftsteller vorliegt, nicht müsste gefallen lassen, das heisst, Sie würden Sie gar nicht wagen . . .

Mit dem Ausdruck des Protestes:

(Sign.:) Max Frisch

Kopie an: Ludwig Hohl, Schriftst., Genf
Dr. Beidler, Schweiz. Schriftstellerverein.

Abb. 6b

- 13 -

nisse in den grossen Kreis weltanschaulicher Betrachtungen hineinstellen" (Klageschrift S. 3).

Das setzte zunächst die Erfassung der einzelnen Vorgänge, sodann ihre planmässige Einordnung in die grösseren Zusammenhänge bezw. eben ihre gedankliche Verarbeitung nach bestimmten Gesichtspunkten voraus.

Diesem Anliegen vermochte der 1. Band der Notizen schlecht und recht zu genügen, und es lässt sich mit gewisser Einschränkung dasselbe auch in Bezug auf die schon im November 1944 abgelieferten Teile XI (Vom Tode) und XII (Bild) zum 2. Bande sagen, die die Beklagte damals ungesäumt in Druck gab.

Völlig anders dagegen bezüglich der zwischen Frühjahr und Sommer 1945 abgelieferten Manuskriptteile VII- X (Varia, Apotheker, Literatur, Traum und Träume), welche sowohl die planmässige Einordnung des Stoffes, als auch jede ausreichende gedankliche Verarbeitung desselben vermissen lassen und sich neben einer Unzahl aufgelegter Platitüden in einer peinlichen Häufung ressentimentgeladener Ausbrüche gegen alles und jedes gefallen, was dem Autor in seiner psychischen und materiellen Bedrängnis über den Weg lief. Angefangen von Holland, das er hasste und hämisch herunterriss, bis zur Schweiz, wo er sich ebenso wenig zurecht fand und ihm selbst die Muttersprache auf die Nerven fiel, wird nichts von seiner Galle verschont und immer wieder in bösartiger Weise das gesunde Empfinden des Lesers in religiöser, künstlerischer, nationaler und allgemein menschlicher Hinsicht gröblichst verletzt: Geistliche sind keusche Aasgeier (Apotheker, 29); der Hundevergifter von Oberstrass handelte höchst verdienstvoll (do., 30); die schweizerische Freiheit ist blind, taub und zahnlos (do., 76); Dialekt hindert den geistigen Fortschritt (Literatur, 37); von den sog. schönsten Gedichten Gottfried Kellers können insgesamt nur zwei oder drei halbwegs als Gedichte gelten (do., 39) usf. usf. !

Abb. 7a bis Abb. 7c: Auszug aus dem Doppel der Klage-Antwort von Dr. René Niederer an das Handelsgericht des Kantons Zürich vom 21. Dezember 1949, Proz.Nr. 257/1949.

Gar nicht zu reden also von den Idiosynkrasien des Klägers gegen gewisse Berufe (Aerzte, Redaktoren, Lehrer etc.) oder gegen Tiere (vor allem Hunde und Pferde), der mangels jeden Deutungsversuchs völlig sinnlosen Wiedergabe seiner teilweise obszönen Träume, der schlechthin abstrusen Schilderung seiner psychischen Erlebnisse in Mondwald und Igelwald und schliesslich seiner fast auf jeder Seite anzutreffenden phantastischen Selbstüberheblichkeit, die ihn sich unverfroren mit Goethe, Spinoza und Heraklit vergleichen und zuguterletzt dieses Sammelsurium von Unsinn in einem Brief an die Beklagte als "das seit dem Olympischen Frühling repräsentativste Werk der deutsch-schweizerischen Literatur" bezeichnen lässt (vgl. Anlage zur Klageschrift Nr. 29).

Also ist es sicher nicht abwegig, wenn angesichts dieser fatalen Umstände auf geistige Störungen des Klägers in schizophrener oder wenigstens hebephrener Richtung geschlossen und damit der Antrag auf eine unter diesen Gesichtspunkten durchzuführende psychiatrische Begutachtung seines Elaborates verbunden wird.

Da nicht nur der Zweck dieses vorbereitenden Schriftsatzes eine einlässliche Analyse der sehr umfangreichen Manuskripte ausschliesst, sondern auch allein die unmittelbare Lektüre von der Berechtigung unserer Kritik überzeugen können wird, muss ich Ihnen leider diese unerfreuliche Aufgabe zumuten und Sie insbesondere darum ersuchen, sich durch die Kontrolle Ihrer eigenen Lesereaktionen die ausreichende Grundlage für Ihre Entscheidung darüber zu verschaffen, ob der ein hohes verlegerisches Ansehen geniessenden Beklagten die Herausgabe eines derart katastrophalen Machwerkes noch zumutbar ist oder nicht.

Ueber seine psychische Verfassung und seine Arbeitsmethode verbreitet sich der Kläger ausführlich in dem sog.

Abb. 7b

- 25 -

sich niemand erfrechen (!), in meinen Text Korrekturen, Zeugnisse seines Nichtverstehens hineinzuschmieren (!)" etc.

BO.:

Probedruck zum 1. Bande mit Anmerkungen des Klägers,
Persönliche Befragung des Klägers.

Ganz zu schweigen von den späteren telephonischen Belästigungen des Herrn Dr. Witz durch den Kläger, welche immer wieder in tiefer Nacht erfolgten und dann fast durchweg zu schweren Verunglimpfungen des Genannten bei seinen diese Anrufe abnehmenden Kindern führten.

BO.:

Persönliche Befragung des Klägers.

c) Ebenso hat die Beklagte dann auch mit ihrem Schreiben an den Kläger vom 7.1.1946 innert angemessener Frist auf die Mahnung desselben vom 17.12.1945 geantwortet und darin einstweilen unter Anführung einzelner Beispiele auf die Unzumutbarkeit der Herausgabe aufmerksam gemacht:

"... erklären wir, dass das Manuskript in seiner vorliegenden Form nicht als satzreif betrachtet werden kann. Ausfälle, wie Sie sie gegen Holland oder gegen die Neue Zürcher Zeitung für druckreif erachteten, kann unser Verlag weder in seinem noch in Ihrem eigenen Interesse gutheissen".

Da die Beklagte erst wesentlich nach der Mai-Korrespondenz in den Besitz des vollständigen Manuskriptes gelangt war und dabei die Qualität immer noch tiefer absank, ergab sich dann ihr schliesslicher Entschluss zur totalen Ablehnung insbesondere auch noch daraus.

BO.:

Korrespondenz der Parteien Mai 1945/Januar 1946.

Abb. 7c

HG Nr. 257/1949 4. Mai 1950

D a s H a n d e l s g e r i c h t
des eidgenössischen Standes
Z ü r i c h
hat

in seiner Sitzung vom 4. Mai 1950, an welcher teilnahmen: die Oberrichter Dr. Wolff als Vorsitzender und Albrecht; die Handelsrichter Dr. Guggenbühl, Landolt und Dr. Schmid, sowie Obergerichtssekretär Dr. Hegnauer,

in Sachen

L u d w i g H o h l, Schriftsteller, Rue Charles Bonnet 2 in Genf, Kläger,
vertreten durch Rechtsanwalt Dr. M. Howald, Dolderstrasse 9 in Zürich 7 (32),

gegen

A R T E M I S - V e r l a g s - A k t i e n g e s e l l s c h a f t, Rämistrasse 34 in Zürich 1,
Beklagte,
vertreten durch Rechtsanwalt Dr. R. Niederer, Talstrasse 11 in Zürich 1,

betreffend Verlagsvertrag

über die Streitfragen:

"1. Ist die Beklagte verpflichtet, das Werk des Klägers "Die Notizen oder von der unvoreiligen Versöhnung", II.Band, enthaltend die Teile VII (Varia), VIII (Apotheker), IX (Literatur), X (Traum und Träume), XI (Vom Tod) und XII (Bild) gemäss dem ihr überlassenen Manuskript in einer dem ersten, bereits erschienen Band entsprechenden Ausstattung zu vervielfältigen und in Vertrieb zu setzen ?

2. Ist die Beklagte verpflichtet, dem Kläger Fr. 3'000.-- zu zahlen ?"

gestützt auf folgende Tatsachen und Rechtsgründe:

1. Durch Vertrag vom 23.Juli 1943 übertrug der Kläger, der sich als freier Schriftsteller betätigt, dem Morgartenverlag (Conzett & Huber) das alleinige Verlags-, Vorabdrucks-, Nachdrucks-, Uebersetzungs- und Verfilmungsrecht und das Recht der Verbreitung im Rundfunk für die beiden Werke "Nächtlicher Weg" und "Notizen" (Teile I - XII). Der Verlag verpflichtete sich, das erste Werk, einen Erzählunsband, im Herbst 1943, den ersten Band der "Notizen" im Frühjahr 1944 und den zweiten Band im Herbst 1944 herauszugeben. Weitere Bestimmungen des Vertrages regelten das dem Kläger zu entrichtende Honorar und die Verpflichtung des Klägers, während acht Jahren alle seine Werke zuerst dem Verlag anzubieten, der innerhalb von drei Monaten über die Annahme oder Ablehnung des Werkes entscheiden sollte (act.3). Kurze Zeit, nachdem das Bändchen "Nächtlicher Weg" im Herbst 1943 erschienen war, traten Dr.Friedrich Witz und Edmond Bucher, die namens des Morgartenverlages mit dem Kläger jeweils verhandelt hatten, zur Beklagten über, die damals gegründet wurde. Auf ihre (Witz' und Buchers) Veranlassung trat die Beklagte im Juni 1944 an Stelle des Morgartenverlages und mit dessen und des Klägers Zustimmung in den Vertrag vom 23. Juli 1943 ein (act. 14 - 22), wobei vereinbart wurde, dass der zweite Band der "Notizen" statt im Herbst 1944 erst im Frühjahr 1945 erscheinen sollte. Der erste Band mit den Teilen I - VI wurde im Herbst 1944 herausgegeben (act.25). Für den zweiten Band

Abb. 8a und Abb. 8b: Urteil des Zürcher Handelsgerichtes vom 4. Mai 1950.

Von der Streichung einzelner Abschnitte zur Verminderung des Umfanges war überhaupt nicht die Rede. Dieses Verhalten der Beklagten kann nur in der Weise ausgelegt werden, sie habe den Umfang des Manuskriptes genehmigt, wie er ihr vorgelegt wurde. Schliesslich könnte sie im vorliegenden Verfahren nur dann aus dem zu grossen Umfang des Manuskriptes etwas zu ihren Gunsten ableiten, wenn sie den Kläger vorher auf diesen Mangel aufmerksam gemacht und ihn aufgefordert hätte, den Umfang auf das zulässige Mass zu vermindern.

Da auch diese Einwendung der Beklagten unbegründet ist, muss das erste Klagebegehren gutgeheissen werden.

13. Was sodann die Forderung auf Ersatz des durch den Verzug in der Vertragserfüllung entstandenen Schadens anbelangt, so begründet der Kläger sie im wesentlichen damit, der Oeffentlichkeit sei sein Name als Autor eines neuen Werkes jahrelang vorenthalten worden; dadurch habe er von verschiedenen Stiftungen und vom Bund, welche ihre Zuwendungen von der in Büchern sichtbar gewordenen Arbeit des Bezügers abhängig machten, keine Unterstützungen mehr erhalten. Er ist jedoch nicht in der Lage, im einzelnen anzugeben, bei welchen Stiftungen und Behörden und in welcher Höhe er um Beiträge ersucht habe; ebensowenig hat er den Beweis dafür angetreten, dass er diese nicht erhalten habe, weil der zweite Band der "Notizen" nicht erschienen sei. Da weder der Angebliche Schaden noch dessen Zusammenhang mit der Nichterfüllung des Vertrages durch die Beklagte nachgewiesen ist, muss das zweite Klagebegehren abgewiesen werden. Es tritt jedoch gegenüber dem ersten an Bedeutung derart zurück, dass das Unterliegen des Klägers in diesem Punkt bei der Festsetzung der Kosten- und Entschädigungsfolgen nicht ins Gewicht fällt; -

e r k a n n t :

1. Die Beklagte ist verpflichtet, das Werk des Klägers "Die Notizen oder von der unvoreiligen Versöhnung", 2.Band, enthaltend die Teile VII (Varia), VIII (Apotheker), IX (Literatur), X (Traum und Träume), XI (Vom Tod) und XII (Bild) gemäss dem ihr überlassenen Manuskript in einer dem ersten, bereits erschienenen Bande entsprechenden Ausstattung zu vervielfältigen und in Vertrieb zu setzen.

2. Im übrigen wird die Klage abgewiesen.

3. Die Gerichtsgebühr wird auf
Fr. 500.-- festgesetzt; die übrigen Kosten betragen:
" 116.-- Schreibgebühren,
" 10.80 Stempel,
" 23.90 Zustellungen und Porti,
" 8.-- Vorladungen.

4. Die Kosten werden der Beklagten auferlegt.

5. Die Beklagte hat den Kläger für das Verfahren mit Fr. 1'600.-- zu entschädigen.

6. Das Urteil wird den Parteien gegen Empfangsbescheinigung zugestellt.

Im Namen des Handelsgerichtes,
der Vorsitzende: sig. Wolff
der Sekretär sig. Hegnauer

ABLAUF DER APPELLATIONSFRIST (Bundesgericht): 15.November 1950.
Dr.Howald

Abb. 8b

EIDGENOSSISCHES DEPARTEMENT DES INNERN
DÉPARTEMENT FÉDÉRAL DE L'INTÉRIEUR
DIPARTIMENTO FEDERALE DELL'INTERNO

XIX.5.18/43

Bern, den 24. Februar 1950.

25. Feb. 1950

Herrn
Dr. jur. Martin H o w a l d,
Rechtsanwalt,
Dolderstrasse 9
Z ü r i c h 3

Sehr geehrter Herr Doktor,

Als Vertreter des Schriftstellers Ludwig Hohl, Genf, in dessen Prozess gegen die Artemis-Verlags A.-G. haben Sie uns mit Schreiben vom 19. Januar d.J. wissen lassen, dass Sie gegenüber dem Gericht von einem Briefwechsel Gebrauch machen möchten, den Herr Hohl seinerzeit im Zusammenhang mit der ihm von unserm Departement zu Lasten des Arbeitsbeschaffungskredites für Künstler und Geistesarbeiter gewährten Hilfe mit unserm Sekretariat geführt hat. Da Ihnen bekannt ist, dass die Tatsache der Hilfeleistung unseres Departements nach aussen ganz allgemein nicht erwähnt werden darf, ersuchen Sie uns, Herrn Hohl ausnahmsweise von der betreffenden Verpflichtung zu entbinden.

Nach eingehender Prüfung der Angelegenheit sind wir - in Uebereinstimmung mit dem Sekretär des Schweizerischen Schriftstellervereins - zur Auffassung gelangt, dass die Erteilung der von Ihnen nachgesuchten Ermächtigung nicht in Betracht kommen kann. Besondere Bedeutung kommt für uns der Ueberlegung zu, dass das Gericht, das mit den Grundsätzen und der Praxis unserer Hilfsaktionen für Künstler und Geistesarbeiter nicht vertraut ist, dazu neigen könnte, der Tatsache unserer Hilfeleistung zugunsten Ludwig Hohls in qualitativer Beziehung eine Bedeutung beizulegen, die ihrem Charakter nicht entsprechen würde. Einer solchen Fehlinterpretation dürfen wir unter den gegebenen Verhältnissen umso weniger Vorschub leisten, als in diesem Prozess die Beurteilung der geistigen und der literarischen Qualität des in Frage stehenden Werkes wohl eine wesentliche Rolle spielen wird. Zur Vermeidung von Missverständnissen sei in diesem Zusammenhang darauf hingewiesen, dass sich die seinerzeitige Gewährung von Arbeitsbeschaffungsbeiträgen grundsätzlich nicht mit der etwa von der Schweizerischen Schillerstiftung geübten Praxis der Auszeichnung einzelner Schriftsteller oder besonderer Werke vergleichen lässt.

Die Herrn Hohl seinerzeit von unserm Departement gewährte Hilfe muss nach dem Gesagten unter dem sozialpolitischen Gesichtspunkt der Arbeitsbeschaffung gewürdigt werden. Unter diesen Umständen müssen wir Sie ersuchen, die erforderlichen Vorkehrungen zu treffen, damit auch die von Herrn Hohl in seinem Prozess angerufenen Zeugen und Experten unser Departement nicht erwähnen.

4. März 1950

Abb. 9a und Abb. 9b: Brief von Bundesrat Etter an Martin Howald vom 25. Februar 1950.

- 2 -

Orientierungshalber lassen wir dem Schweizerischen Schriftstellerverein einen Durchschlag dieses Schreibens zugehen.

Wir bedauern, Ihnen aus den angeführten Gründen, für die wir Ihr Verständnis glauben voraussetzen zu dürfen, keinen andern Bescheid geben zu können, und versichern Sie unserer vorzüglichen Hochachtung.

Eidg. Departement des Innern

Abb. 9b

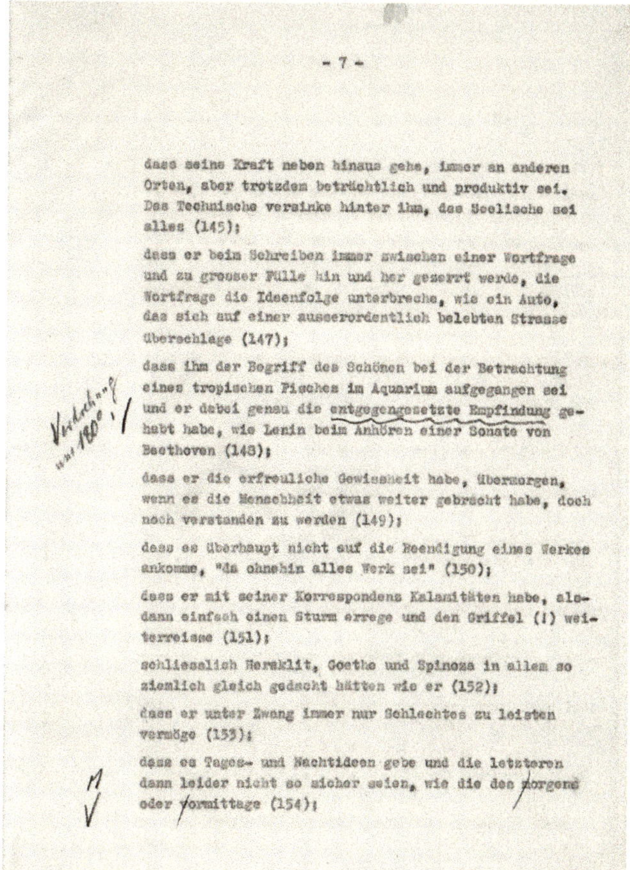

\- 7 -

dass seine Kraft neben hinaus gehe, immer an anderen Orten, aber trotzdem beträchtlich und produktiv sei. Das Technische versinke hinter ihm, das Seelische sei alles (145);

dass er beim Schreiben immer zwischen einer Wortfrage und zu grosser Fülle hin und her gezerrt werde, die Wortfrage die Ideenfolge unterbreche, wie ein Auto, das sich auf einer ausserordentlich belebten Strasse überschlage (147);

dass ihm der Begriff des Schönen bei der Betrachtung eines tropischen Fisches im Aquarium aufgegangen sei und er dabei genau die entgegengesetzte Empfindung gehabt habe, wie Lenin beim Anhören einer Sonate von Beethoven (148);

dass er die erfreuliche Gewissheit habe, übermorgen, wenn es die Menschheit etwas weiter gebracht habe, doch noch verstanden zu werden (149);

dass es überhaupt nicht auf die Beendigung eines Werkes ankomme, "da ohnehin alles Werk sei" (150);

dass er mit seiner Korrespondenz Kalamitäten habe, alsdann einfach einen Sturm errege und den Griffel (!) weiterreisse (151);

schliesslich Heraklit, Goethe und Spinoza in allem so ziemlich gleich gedacht hätten wie er (152);

dass er unter Zwang immer nur Schlechtes zu leisten vermöge (153);

dass es Tages- und Nachtideen gebe und die letzteren dann leider nicht so sicher seien, wie die des morgens oder vormittags (154);

Abb. 10a und Abb. 10b: Doppel der Eingabe des Anwalts René Niederer vom 27. Februar 1950 an das Handelsgericht des Kantons Zürich zur Substanziierung des Eventualstandpunktes, handschriftlich kommentiert von Hohl.

seine Produktion durch Widerstand gefördert werde (155);

er fast nichts lese und dies kaum bedaure; denn es komme einzig "auf die Spannkraft des Raumes an" (156);

dass die Nachricht vom Tode Nächster schärfste Fruchtbarkeit in ihm erregt habe (157);

dass er leider so gut wie nichts zu essen, insbesondere aber nichts zu trinken habe, sondern nur noch eine Petrollampe (159);

dass er zu neun Zehnteilen von Kathedralen oder vom Schreiben träume und ihm dann leider immer seine Notizzettel durcheinander kämen. Im übrigen fehle es ihm neuerdings auch an Mädchen (160);

zart nicht dasselbe wie zärtlich sei, Löwen Zartheit hätten, Kühe dagegen nicht, jedoch Grossartigkeit – das Zärtliche immer schmatzend und feucht sei, das Zarte dagegen nicht (162);

die Temperatur seines Zimmers nur noch 13 Grad betrage und nebenan Schmidt's mit einem fürchterlichen Auto umzögen (165);

dass er im Leben sehr viel gewartet habe und nur schlecht warten könne (166);

dass sich Erkenntnisse überhaupt nicht vermitteln liessen (167); [das sicher nicht. f.]

sicher „Unterbrechung" — sein Denken im 18. Altersjahre begonnen, dann einen längeren Unterbruch erfahren und schliesslich im 30. Lebensjahre den Höhepunkt erklommen habe (168);

er Freunde auf Erden, nicht Freunde im Himmel benötige (171); [Sicher. f.]

er auch einmal Leser haben werde, nur wüsste er nicht wann (172);

Abb. 10b

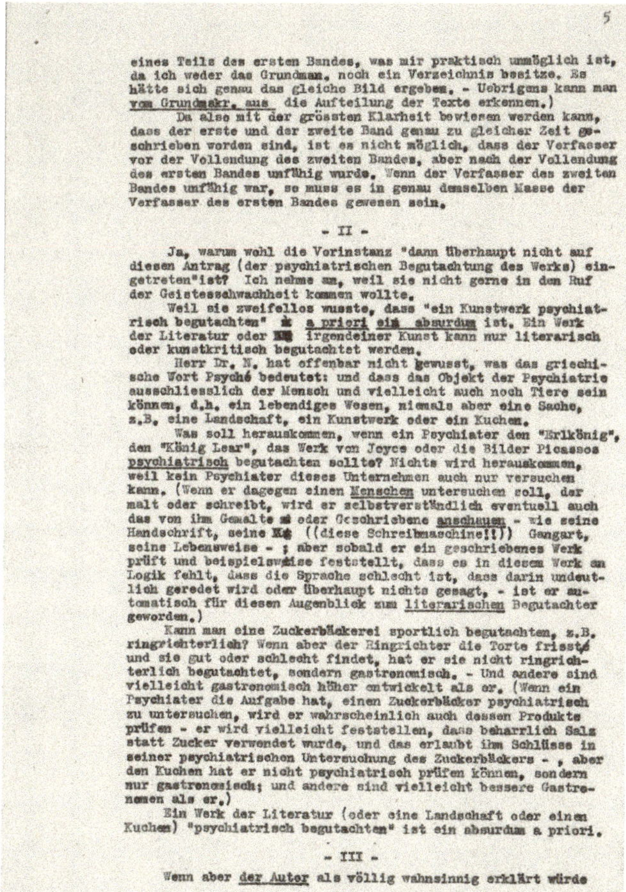
5

eines Teils des ersten Bandes, was mir praktisch unmöglich ist, da ich weder das Grundman. noch ein Verzeichnis besitze. Es hätte sich genau das gleiche Bild ergeben. - Uebrigens kann man vom Grundmskr. aus die Aufteilung der Texte erkennen.)

Da also mit der grössten Klarheit bewiesen werden kann, dass der erste und der zweite Band genau zu gleicher Zeit geschrieben worden sind, ist es nicht möglich, dass der Verfasser vor der Vollendung des zweiten Bandes, aber nach der Vollendung des ersten Bandes unfähig wurde. Wenn der Verfasser des zweiten Bandes unfähig war, so muss es in genau demselben Masse der Verfasser des ersten Bandes gewesen sein.

- II -

Ja, warum wohl die Vorinstanz "dann überhaupt nicht auf diesen Antrag (der psychiatrischen Begutachtung des Werks) eingetreten"ist? Ich nehme an, weil sie nicht gerne in den Ruf der Geistesschwachheit kommen wollte.

Weil sie zweifellos wusste, dass "ein Kunstwerk psychiatrisch begutachten" a priori ein absurdum ist. Ein Werk der Literatur oder irgendeiner Kunst kann nur literarisch oder kunstkritisch begutachtet werden.

Herr Dr. N. hat offenbar nicht gewusst, was das griechische Wort Psyché bedeutet: und dass das Objekt der Psychiatrie ausschliesslich der Mensch und vielleicht auch noch Tiere sein können, d.h. ein lebendiges Wesen, niemals aber eine Sache, z.B. eine Landschaft, ein Kunstwerk oder ein Kuchen.

Was soll herauskommen, wenn ein Psychiater den "Erlkönig", den "König Lear", das Werk von Joyce oder die Bilder Picassos psychiatrisch begutachten sollte? Nichts wird herauskommen, weil kein Psychiater dieses Unternehmen auch nur versuchen kann. (Wenn er dagegen einen Menschen untersuchen soll, der malt oder schreibt, wird er selbstverständlich eventuell auch das von ihm Gemalte oder Geschriebene anschauen - wie seine Handschrift, seine ((diese Schreibmaschine!!)) Gangart, seine Lebensweise - ; aber sobald er ein geschriebenes Werk prüft und beispielsweise feststellt, dass es in diesem Werk an Logik fehlt, dass die Sprache schlecht ist, dass darin undeutlich geredet wird oder überhaupt nichts gesagt, - ist er automatisch für diesen Augenblick zum literarischen Begutachter geworden.)

Kann man eine Zuckerbäckerei sportlich begutachten, z.B. ringrichterlich? Wenn aber der Ringrichter die Torte frisst und sie gut oder schlecht findet, hat er sie nicht ringrichterlich begutachtet, sondern gastronomisch. - Und andere sind vielleicht gastronomisch höher entwickelt als er. (Wenn ein Psychiater die Aufgabe hat, einen Zuckerbäcker psychiatrisch zu untersuchen, wird er wahrscheinlich auch dessen Produkte prüfen - er wird vielleicht feststellen, dass beharrlich Salz statt Zucker verwendet wurde, und das erlaubt ihm Schlüsse in seiner psychiatrischen Untersuchung des Zuckerbäckers - , aber den Kuchen hat er nicht psychiatrisch prüfen können, sondern nur gastronomisch; und andere sind vielleicht bessere Gastronomen als er.)

Ein Werk der Literatur (oder eine Landschaft oder einen Kuchen) "psychiatrisch begutachten" ist ein absurdum a priori.

- III -

Wenn aber der Autor als völlig wahnsinnig erklärt würde

Abb. 11a und Abb. 11b: Typoskript mit Bemerkungen Ludwig Hohls vom 21. Januar 1951 zur Berufungsschrift von René Niederer an das Bundesgericht vom 15. November 1950.

und es wirklich wäre: was würde denn dadurch an dieser Auseinandersetzung, in der es um das Werk geht, geändert werden können? Würde vielleicht dadurch die Herausgabe des Werks "unzumutbar"?

(Wie das Herausgeben der Werke Hölderlins, Nietzsches, Robert Walsers usw. unzumutbar geworden ist? Wie die Bilder van Goghs gesunken sind, seit man weiss, dass er Epileptiker war - und aus demselben Grunde die Preise der Schriften Flaubert's, Dostojewskis, Paulus' nicht mehr verlegt noch gelesen werden können? - Indessen hat man in Amerika den grössten Literaturpreis der Vereinigten Staaten einem Dichter zugesprochen, der nicht nur politischer Feind dieses Staates sondern seit einem Jahr oder mehr in einem Irrenhaus interniert war. - Usw.)

(Ich will damit nicht andeuten, dass ich vielleicht geisteskrank sei oder interniert werden müsste. Meiner Meinung nach sollte nicht ich interniert werden, sondern mindestens 50 % der andern Leute - was man dem Gericht nicht unbedingt zu sagen braucht ... Ich halte mich nicht für wahnsinnig - was ja freilich keinen Gegenbeweis darstellt - , wohl aber einen gewissen Advokaten in Zürich - dem man es nicht unbedingt zu sagen braucht und vor allem nicht öffentlich, er ist schon arm genug dran - für blödsinnig.)

Herzlich

Genf, 21.1.51

Dein

Noch 3 allgemeine Punkte:

1) Die Seitenzahl des zweiten Bandes - berechnet lange vor Beginn des Prozesses; und ich habe bewiesen, dass ich dergleichen Berechnungen sehr genau machen kann (Kündig) - :

Mskr. des zweiten Bandes 512 S. Hinzuzufügen ca. 23 S. eines Gesamtregisters. = 535 S.

Mskr. des ersten Bandes (die Mskre sind äusserlich gleich geschrieben) 425 S.

Im Druck:

425:470 = 535:x

$x = \frac{470.535}{425} = 592$, also **rund 600 Seiten.**

2) Finanzielles:

"Nächtlicher Weg" wie DIE NOTIZEN, erster und zweiter Band, in Deutschland unbekannt. Leser gibt es dort mindestens zehnmal mehr als in der Schweiz. Veröffentlichungen aus den genannten drei Büchern haben in Deutschland praktisch den Wert von Erstdrucken. Solche Veröffentlichungen werden durch Artemis verhindert: a) indem Artemis mir keine Exemplare der gedruckten Bücher zur Verfügung stellt; b) indem Artemis mir wegen "Vorabdrucken" und wahrscheinlich auch "Nachdrucken" nachstellt. Folge: Da bei einigermassen gebahnter Bahn mit Honoraren von Zeitungen und Zeitschriften von mindestens - höchst bescheiden geredet - monatlich 200 DM (= gleich ungefähr gleichviel Schweizer-

Abb. 11b

Zürich Mittwoch, 8. November 1950 — DIE TAT — 15. Jahrgang Nr. 304 Seite 3

EIDGENOSSENSCHAFT

Der «Ketzer» Ludwig Hohl klagt – und siegt

Ein interessanter Literaturstreit

Die neuen Ortswehren — ein schlagkräftiges Instrument der totalen Landesverteidigung

Abb. 12: Über den juristischen Erfolg Ludwig Hohls gegen den Artemis-Verlag vor dem Bundesgericht wurde 1950 in der Schweizer Presse breit berichtet.

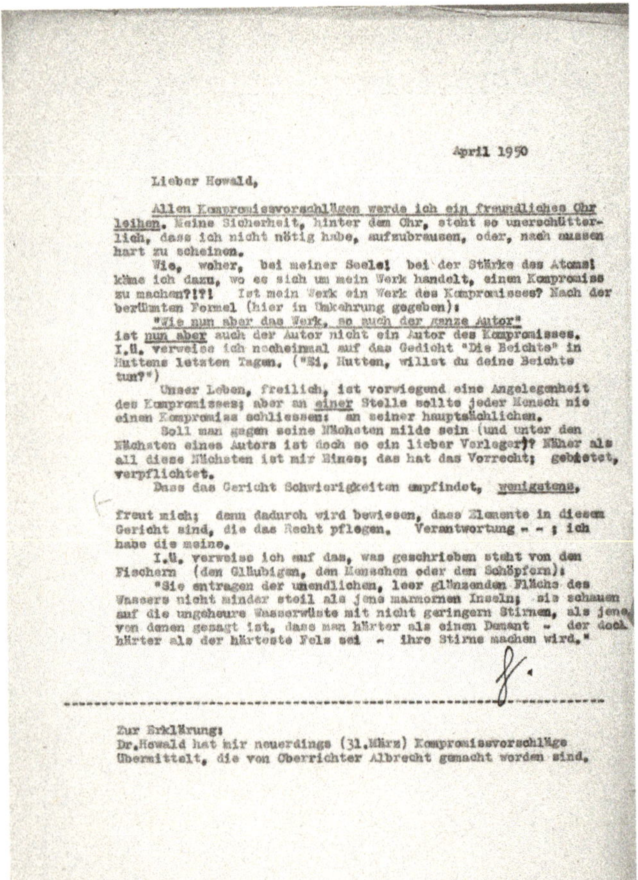

April 1950

Lieber Howald,

Allen Kompromissvorschlägen werde ich ein freundliches Ohr leihen. Meine Sicherheit, hinter dem Ohr, steht so unerschütterlich, dass ich nicht nötig habe, aufzubrausen, oder, nach aussen hart zu scheinen.

Wie, woher, bei meiner Seele! bei der Stärke des Atoms! käme ich dazu, wo es sich um mein Werk handelt, einen Kompromiss zu machen?!?! Ist mein Werk ein Werk des Kompromisses? Nach der berühmten Formel (hier in Umkehrung gegeben):

"Wie nun aber das Werk, so auch der ganze Autor"

ist nun aber auch der Autor nicht ein Autor des Kompromisses. I.ü. verweise ich nocheinmal auf das Gedicht "Die Beichte" in Huttens letzten Tagen. ("Ei, Hutten, willst du deine Beichte tun?")

Unser Leben, freilich, ist vorwiegend eine Angelegenheit des Kompromisses; aber an einer Stelle sollte jeder Mensch nie einen Kompromiss schliessen: an seiner hauptsächlichen.

Soll man gegen seine Nächsten milde sein (und unter den Nächsten eines Autors ist doch so ein lieber Verleger)? Näher als all diese Nächsten ist mir Eines; das hat das Vorrecht; gebietet, verpflichtet.

Dass das Gericht Schwierigkeiten empfindet, wenigstens, freut mich; denn dadurch wird bewiesen, dass Elemente in diesem Gericht sind, die das Recht pflegen. Verantwortung – – ; ich habe die meine.

I.ü. verweise ich auf das, was geschrieben steht von den Fischern (den Gläubigen, den Menschen oder den Schöpfern):

"Sie entragen der unendlichen, leer glänzenden Fläche des Wassers nicht minder steil als jene marmornen Inseln; sie schauen auf die ungeheure Wasserwüste mit nicht geringern Stirnen, als jene von denen gesagt ist, dass man härter als einen Demant – der doch härter als der härteste Fels sei – ihre Stirne machen wird."

H.

Zur Erklärung:
Dr. Howald hat mir neuerdings (31. März) Kompromissvorschläge übermittelt, die von Oberrichter Albrecht gemacht worden sind.

Abb. 13: Typoskript des Briefes von Ludwig Hohl an Martin Howald vom April 1950.

Abb. 14: Das Plakat kündet die Matinee im Zürcher Schauspielhaus an, zu welcher der Suhrkamp Verlag 1984 zur feierlichen Erinnerung an Ludwig Hohls 80. Geburtstag eingeladen hat.

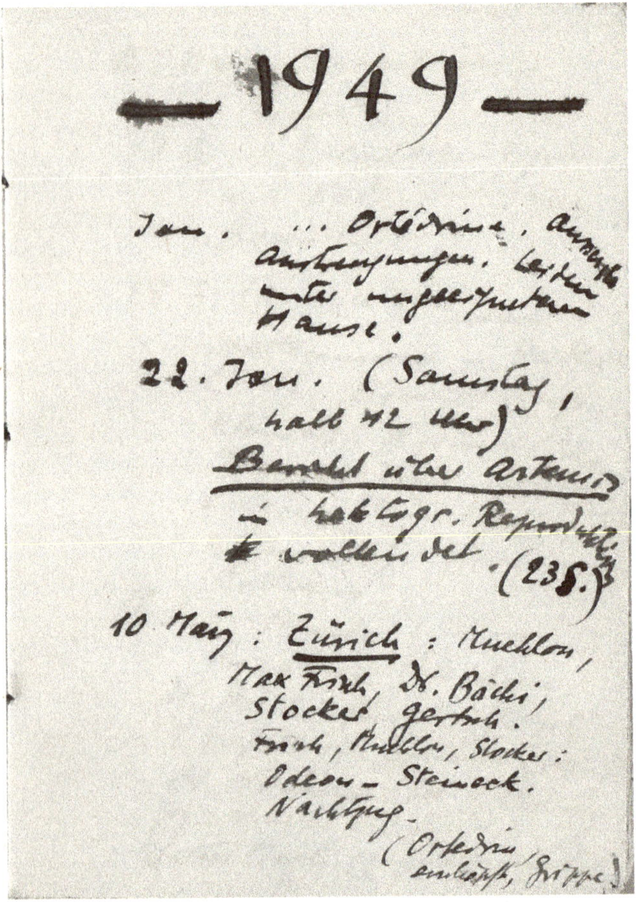

Abb. 15: In Ludwig Hohls *Agenda von 1947 bis 1950* ist die Verfertigung und Verteilung des *Berichts über Artemis* dokumentiert. Ebenso private Ereignisse wie die Geburt seiner Tochter, seine schriftstellerische Arbeit, soziale Kontakte und weitere Aspekte seines Lebens.

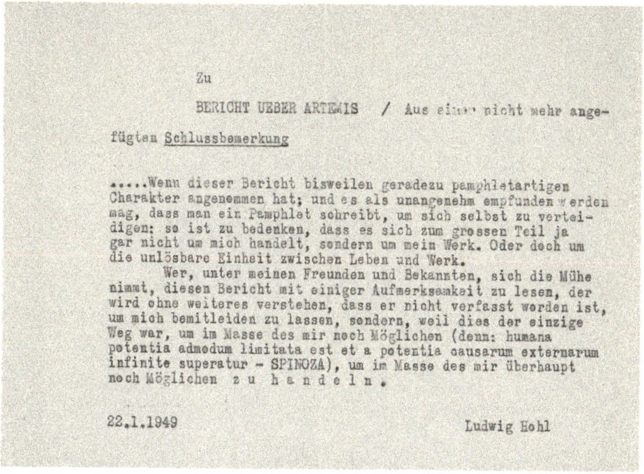

Zu

BERICHT UEBER ARTEMIS / Aus einer nicht mehr angefügten <u>Schlussbemerkung</u>

.....Wenn dieser Bericht bisweilen geradezu pamphletartigen Charakter angenommen hat; und es als unangenehm empfunden werden mag, dass man ein Pamphlet schreibt, um sich selbst zu verteidigen: so ist zu bedenken, dass es sich zum grossen Teil ja gar nicht um mich handelt, sondern um mein Werk. Oder doch um die unlösbare Einheit zwischen Leben und Werk.

Wer, unter meinen Freunden und Bekannten, sich die Mühe nimmt, diesen Bericht mit einiger Aufmerksamkeit zu lesen, der wird ohne weiteres verstehen, dass er nicht verfasst worden ist, um mich bemitleiden zu lassen, sondern, weil dies der einzige Weg war, um im Masse des mir noch Möglichen (denn: humana potentia admodum limitata est et a potentia causarum externarum infinite superatur - SPINOZA), um im Masse des mir überhaupt noch Möglichen z u h a n d e l n.

22.1.1949 Ludwig Hohl

Abb. 16: Ein alternatives Ende zum *Bericht über Artemis* fand sich unter den Notizen zur Zusammenstellung des Berichtes.

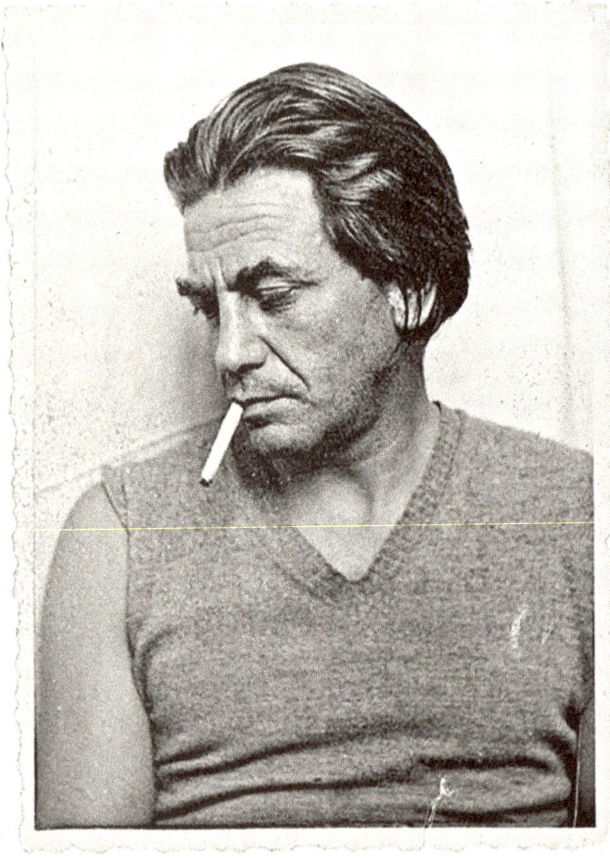

Abb. 17: Portrait von Ludwig Hohl, 1949.

STELLENKOMMENTAR

S. 7 *Morgarten-Verlag*: Der Morgarten-Verlag war Teil des Verlags Conzett & Huber. Nach dem Tod ihres Mannes 1898 baute Verena Conzett (1861-1947) ihre Druckerei nach und nach zum erfolgreichen Verlag aus, mit der Unterstützung ihres Anwalts und stillen Teilhabers Emil Huber. Die seit 1941 bei Conzett & Huber erscheinende Kunstzeitschrift *DU* gilt als Aushängeschild des Verlags. Verena Conzett war zeitlebens engagiert in der Arbeiterbewegung, was sich auch im Verlagsprogramm zeigte.

S. 7 *Nächtlicher Weg*: eine Sammlung von Erzählungen Ludwig Hohls. *Nächtlicher Weg* enthält einige der am meisten wiederabgedruckten Texte wie *Pferdchen* (nicht mehr enthalten in den Neuauflagen bei Suhrkamp 1971 und 2014), *Nächtlicher Weg*, *Das Blatt* und *Mühsal.*

S. 7 *Die Notizen oder Von der unvoreiligen Versöhnung*: Wie Hohl später im Bericht schildert, betrachtete er *Die Notizen oder Von der unvoreiligen Versöhnung* als sein Hauptwerk. Der Schreibprozess von *Die Notizen* dauerte über zehn Jahre und führte ihn zu einer ganz eigenständigen und eigenwilligen Form und Poetologie. Das Debakel um die Publikation der *Notizen* fiel 1949 mit der Geburt von Hohls Tochter zusammen und führte finanziell und persönlich zu einer unmöglichen Situation. Seine damalige Ehe wurde geschieden und die Tochter wuchs nicht bei ihm auf.

S. 7 *Edmond BUCHER*: kaufmännischer Leiter des Morgarten-Verlags, bis er 1943 Friedrich Witz in den neugegründeten Artemis-Verlag folgte. Wie aus Protokollen im Nachlass von Friedrich Witz zu erfahren ist, erlitt Edmond Bucher 1945 eine gesundheitliche Krise, die eine »geistige Handlungsunfähigkeit« bewirkte (Nachlass Dr. Friedrich Witz, ZB Zürich, Dossier 45.4, *Geldsuche für den Artemis-Verlag*). Vom Verwaltungsrat des Artemis-Verlags, dem auch Friedrich Witz angehörte, wurden Bucher zuerst die Leitungsaufgaben im Artemis-Verlag entzogen, was Witz zum alleinigen Verlagsleiter machte. Wenig später wurde Bucher gekündigt, nachdem sich abzeichnete, dass sein Zustand sich nicht zügig verbesserte.

S. 7 *Dr. Friedrich WITZ*: (1894-1984) war 1942 bis 1944 Lektor im Morgarten-Verlag. 1943 war er Mitbegründer des Artemis-Verlags, den er bis 1958 leitete. In seinen *Erinnerungen* skizziert er seine Sicht und die Gründe, die zum Prozess geführt hatten: »Ich schätzte seine [Hohls, d. Hg.] geschliffenen Sätze, den Eigenwillen seines die sogenannten ›Strömungen‹ meidenden Denkens, seine Pionierarbeit durch das Gestrüpp hergebrachter Erkenntnisse, sein Erlittenes und Erlebtes. Als ich das Manuskript des zweiten Bandes, das mir bei Vertragsabschluss – auf dem noch mit dem Morgarten-Verlag abgeschlossenen Vertrag stand mein Name nicht – noch unbekannt war, durchlas, stutzte ich. Da fand ich unverhohlene Angriffe des Autors auf Holland. Er mochte dort üble Erfahrungen gemacht haben. In einer Zeit aber, da Holland von der deutschen Armee überwalzt wurde, fand ich Anpöbelungen fehl am Platz und weigerte mich, diese Abschnitte in das Buch aufzunehmen. Ferner fanden sich Angriffe auf den damaligen Feuilletonredaktor der *Neuen Zürcher Zeitung*, Dr. Eduard Korrodi. Ein Gespräch, wie es zwischen Autor und Verleger sonst an der Tagesordnung ist, konnte überhaupt nicht zustande kommen. Dies führte zu rechtlichen Auseinandersetzungen [...]. Da wir nun zur Herausgabe des zweiten Bandes verknurrt worden waren, schien es mir sicher, dass dieser Band nun eine ebenso große Leserschaft finden werde, wie der erste Band eine überraschend kleine erlebt hatte. Die Überraschung blieb aus. Die Freunde, die zugunsten Hohls ein Kampfgeschrei gegen die Artemis erhoben hatten, fanden den Weg vom Wort zur Tat nicht.« Vgl. Friedrich Witz: *Ich wurde gelebt. Erinnerungen eines Verlegers.* Frauenfeld und Stuttgart: Verlag Huber 1969, S. 280-290.

S. 8 *ARTEMIS VERLAGS-AKTIENGESELLSCHAFT*: Der Artemis-Verlag wurde 1943 von Friedrich Witz und Karl Hoenn gegründet. Das Kapital stellte Robert Brüschweiler (1899-1981), Direktor von Jelmoli. Man schuf sich einen guten Ruf als Klassiker-Verlag, indem zuerst die gesammelten Werke des Schweizer Literaturnobelpreisträgers Carl Spitteler herausgegeben wurden, gefolgt von einer 24-bändigen Goethe-Ausgabe und Reihen wie die *Bibliothek der Alten Welt*. Der Name ist Programm, wie Friedrich Witz schreibt: »Die Artemis ist Jägerin. Als wir sie vor vierzehn Jahren zur Patin unseres Verlags erkoren, dachten wir an die Jagd in den Gefilden und Revieren des Geistes. Man spricht vom edlen Waidwerk, dem es nicht einzig um Abschuss und Beute geht, sondern das sich seiner pflegerischen und hegerischen Pflichten bewusst ist. Das Sinnbild stand und steht klar als Wegweiser vor uns.« (Nachlass Dr. Friedrich Witz, ZB Zürich, Dossier 45.1, *Geschichte des Artemis-Verlags*). Für die politische Ausrichtung des Verlags, die Konflikte um die Rechte an Spittelers Werken und die Goethe-Ausgabe sowie die Zusammenarbeit des Artemis-Verlags mit der Firma Bührle s. Jürg Zbinden: *Sternstunden oder verpasste Chancen. Zur Geschichte des Schweizer Buchhandels 1943-1952*. Zürich: Chronos Verlag 1995, S. 97-100 und 171-209.

S. 9 *Verlag Oprecht*: Der Verlag Oprecht, gegründet 1925 durch die Brüder Emil und Hans Oprecht in Zürich, verlegte 1939 mit *Nuancen und Details I und II* (*III* erschien 1942 im Selbstverlag) erstmals Prosa von Ludwig Hohl. Emil Oprecht war ab 1935 Geschäftsführer der Europa-Verlags-AG, *der* Adresse für Exilliteratur in der Schweiz.

S. 10 *Persönlichkeit des eidgenössischen Departments des Innern*: Im Nachlass Ludwig Hohls findet sich unter den Geschäftsbriefen der Briefwechsel mit Max Altorfer, einem Wissenschaftlichen Mitarbeiter für kulturelle Angelegenheiten im Eidgenössischen Departement des Innern (EDI) und seinem späteren Leiter (s. SLA-Hohl-B-02-b.2-64). Das EDI hat Hohl während der 1940er Jahre finanziell unterstützt mittels Werkbeiträgen an *Die Notizen oder Von der unvoreiligen Versöhnung*. Dies sollte jedoch während des Artemis-Prozesses nicht bekannt werden. Der Vorsteher des EDI, Bundesrat Philipp Etter (1891-1977; im Amt von 1934 bis 1959), untersagte in einem Brief vom 24. 2. 1950 (s. SLA-Hohl-B-2-b-558) Hohls Anwalt Martin Howald den Hinweis auf die Unterstützungsgelder durch das EDI vor Gericht (vgl. Bildteil, Abb. 9a und Abb. 9b).

S. 10 *in Sumpf und Dreck*: Mit »Im Sumpf und Dreck« ist die Originalverpackung von Hohls Unterlagen zum Prozess gegen Artemis beschriftet (SLA-Hohl-B-2-b-518; vgl. Bildteil, Abb. 5). Darauf geklebt findet sich ein von Hohl redigierter Witz: »Pourquoi n'avez-vous pas envoyé un ouvrier pour réparer les sonnettes chez moi?« »– Mais on y est allé, madame. L'ouvrier a sonné deux fois, personne n'est venu; il en a conclu ~~qu'il n'y avait personne à la maison.~~« (»Weshalb haben Sie mir keinen Arbeiter geschickt, um die Türklingel zu reparieren?« »– Ein Arbeiter war da, Madame. Er hat zwei Mal geklingelt, niemand hat geöffnet: Er hat daraus geschlossen, ~~dass niemand Zuhause sei.~~«)

S. 13 *»freier Schriftsteller«*: Am 14. August 1924, ein gutes halbes Jahr nach seiner ersten Veröffentlichung (des Gedichts *Schneefall* in der *Neuen Glarner Zeitung* am 22. Dezember 1923) ließ Hohl die Berufsbezeichnung »Schriftsteller« amtlich eintragen. Anlass war wohl die Publikation von vier Gedichten in der renommierten europäischen Zeitschrift *Wissen und Leben* (später *Neue Schweizer Rundschau*) unter dem Redaktor Max

Rychner, der Hohl auch in den folgenden Jahren förderte. Ab seinem zwanzigsten Lebensjahr ging Hohl aus Überzeugung neben der Schreibtätigkeit keiner anderen Erwerbsarbeit nach, um sich vollumfänglich seinem Werk zu verschreiben.

S. 14 *Honorare […] und […] Subventionen*: Für den Prozess fertigte Hohl eine Liste sämtlicher 118 Vorabdrucke aus *Nächtlicher Weg* und *Die Notizen oder Von der unvoreiligen Versöhnung* mit jeweiligem Honorar an (SLA-Hohl-B-02-b-469.3).

S. 16 *perniziösere*: ›gefährlichere‹, ›vergiftende‹.

S. 25 *die Nacht, da niemand wirken kann*: aus Johannes 9,4 (Übersetzung nach Luther): »Wir müssen die Werke dessen wirken, der mich gesandt hat, solange es Tag ist; es kommt die Nacht, da niemand wirken kann.«

S. 26 *(sic!)*: Hohl verwendet »(sic!)« mehrmals im *Bericht über Artemis* als Betonung einer – für ihn – unglaublichen Sache, die Lesende nicht verpassen sollten (s. S. 26, 27 und 46). Ebenso ist »(ganz einfach!)« auf Seite 48 zu verstehen, es handelt sich quasi um mündliche Einwürfe.

S. 32 *»Schnelle Hülfe wird gefodert – Keine Rettung ist vorhanden.« (Faust.)*: Die Textstelle stammt aus Goethes *Faust. Der Tragödie Zweiter Teil.* Lynceus der Türmer spricht die Worte zu Beginn der Szene *Tiefe Nacht.* Hohl zitiert aus seinem Exemplar des Reclam-Verlags und übernimmt die in der Goethezeit gebräuchliche Schreibweise von »Hülfe« und »gefodert«.

S. 33 *Dr. C. A. HITZ*: Christian Albert Hitz (1883-1954) war ein sozial engagierter Rechtsanwalt, Amtsvormund und Bezirksrichter. Er bekleidete verschiedene politische Ämter für Parteien des linken und kommunistischen Spektrums.

S. 35 *Konrad Bänninger*: (1890-1981) war ein von Ludwig Hohl hoch geschätzter Autor und Publizist. Der Zürcher Bänninger war ein früher kritischer, bekräftigender Leser von Hohls Texten und rezensierte sie jeweils für die *Neue Zürcher Zeitung*. Im Nachlass Hohls sind die Rezensionen (SLA-Hohl-D-01) und die Korrespondenz (SLA-Hohl-B-02-a.2-37 bis -39) erhalten.

S. 36 *P. A. BRENNER*: Paul Adolf Brenner (1910-1967) war ein Schweizer Schriftsteller, langjähriges engagiertes Mitglied des Schweizerischen Schriftsteller-Vereins (SSV), davon elf Jahre im Vereinsvorstand aktiv. Bis 1956 war sein Schreiben Nachtarbeit, des Tags leitete er mit seinem Bruder das Geschäft, das sie von ihrem Vater übernommen hatten. Ab Mitte der 1940er Jahre setzte seine zunehmende Erblindung ein, die ihn im Leben und besonders im Schreiben stark einschränkte und zum Rückzug ins Private drängte.

S. 36 *Schweiz. Schriftsteller-Vereins*: kurz SSV, war ab 1912 der erste Berufsverband der Autoren der Schweiz, später unter dem Namen *Schweizerischer Schriftsteller- und Schriftstellerinnenverband* auch Frauen zugänglich. Der SSV engagierte sich sowohl im rechtlich-gewerkschaftlichen Bereich als auch in der Kulturpolitik, was immer wieder zu großen internen Spannungen führte. So war der SSV während der ›Geistigen Landesverteidigung‹ auf der protektionistischen Linie des Bundesrats und unterstützte die Anliegen der wichtigen Verlage – wenn auch vordergründig den Mitgliedern Empathie und Unterstützung suggeriert wurde, was sich gerade im Prozess von Ludwig Hohl gegen Artemis verdeutlicht. Die ideologischen Konflikte konnten nicht gelöst werden und gipfelten 1971 in einem Austritt von mehreren prominenten Mitgliedern, die mit der *Gruppe Olten* einen eigenen Berufsverband gründeten. Ludwig Hohl war eines der 21 Gründungsmitglieder. 2002 fanden der SSV und die *Gruppe Olten* im *Verband der Autorinnen und Autoren der Schweiz* (AdS) wieder zusammen.

S. 36 *Dr. Beidler*: Franz Wilhelm Beidler (1901-1981) war ab 1943 29 Jahre lang Generalsekretär des SSV. Seine Mutter war Isolde Wagner und er selbst der erste Enkel Richard Wagners. Verheiratet mit einer Jüdin und die Rolle der Bayreuther Festspiele (die er nach dem Krieg nie mehr besuchte) im »Wagner-Kult«

verachtend, sah er später auch das Verhalten des SSV während des Krieges und in der Geistigen Landesverteidigung (selbst-) kritisch; vgl. Stefan Andreas Keller: *Der Schweizerische Schriftsteller-Verein*, in: *Handbuch des Antisemitismus*, hrsg. von Wolfgang Benz. Berlin et al.: De Gruyter 2015, S. 450-452.

S. 45 *Karl Kraus*: Ludwig Hohl hatte Kraus (1874-1936) 1930 in Wien sprechen hören und war danach zeitlebens ein Anhänger seiner Schriften. Der von Hohl zitierte Aphorismus von Kraus lautet: »Ich warne vor Nachdruck. Meine Sätze leben nur in der Luft meiner Sätze: so haben sie keinen Atem. Denn es kommt auf die Luft an, in der ein Wort atmet, und in schlechter krepiert selbst eines von Shakespeare.« Enthalten ist er in Karl Kraus' 1912 erstmals erschienenem Buch *Pro domo et mundo*. Der Band ist nicht in Hohls Nachlass erhalten. Ob er ihn je besessen oder von einer öffentlichen Bibliothek ausgeliehen hatte, ist nicht zu eruieren.

S. 46 *Pascal*: Blaise Pascal (1623-1662) war mit seinen *Pensées* ein Vorläufer und Wahlverwandter Hohls und seiner *Notizen*. Pascal wird das Zitat zugeschrieben, das auch Ernst Jünger zu einem seiner zentralen Mottos gemacht hat.

S. 50 *Eine Schrift über Gide z. B.*: Max Rychner schrieb in seinem Brief vom 11. Februar 1949 (SLA-Hohl-B-2-b-499) an Ludwig Hohl als Reaktion auf die Lektüre des *Berichts über Artemis*, er habe einen ihm bekannten Juristen beim Artemis-Verlag nachfragen lassen. Neben dieser Zusicherung seiner Unterstützung bestellte Rychner bei Hohl einen Text zu »Gide und Geduld«, der am 19. November 1949 in *Die Tat* abgedruckt wurde (ediert in: Ludwig Hohl: *Mut und Wahl. Aufsätze zur Literatur*, hrsg. v. Johannes Beringer. Frankfurt a.M.: Suhrkamp 1992, S. 51-62). Rychner gehörte zu Hohls frühesten Förderern (s. Anm. *freier Schriftsteller zu* S. 13) und fügte seinem Brief folgenden Rat an: »Etwas fände ich dringend: Ihre Bücher sollten Titel haben, die nicht in diesem Maß gleichgültig lassen, weil sie ohne jede Aussagekraft sind. Der Eindruck wird erweckt, man müsse da die hingeworfenen Notizbüchlein (mit ihrem Kraut und Unkraut) eines prätentiösen Autors für teures Geld kaufen. Das Gegenteil dessen, was Sie wollten, ist die Wirkung. Die Menschen sind so (nicht nur in Holland, nicht nur die Apotheker …). Mit den besten Grüßen Ihr Max Rychner«

S. 51 *finanziell ermöglicht durch m. Freund J. K.:* Wohl handelt es sich um den spanischen Lyriker Juan Kossodo y Wehle (gestorben 1951 in New York). Einzelne Briefe zwischen den beiden sind im Nachlass erhalten (SLA-Hohl-B-01-a.1-33, SLA-Hohl-B-02-a.2-360 und -361). Kossodo versuchte für Hohl in Amerika einen Text in der Wochenzeitung *Aufbau* unterzubringen, was nicht gelang. Ein Brief Hohls an Kossodo ist von Hugo Sarbach ediert und kommentiert abgedruckt greifbar: Ludwig Hohl: *Brief an einen in New York lebenden Freund namens Kossodo aus dem Jahr 1950*, ediert von Hugo Sarbach, in: *Text+Kritik*. München: edition text+kritik 2004, 106, S. 3-6.

Dokumentarischer Anhang

S. 54 *humana potentia …*: »Das menschliche Vermögen aber ist sehr beschränkt und wird von dem Vermögen der äußern Ursachen unendlich übertroffen.« Spinozas Ethik entdeckte Hohl im Frühjahr 1935 (vgl. *Agenda von 1935*, SLA-C-01-b) und sie gehörte künftig zu seinen wichtigsten Lektüren, wovon zahlreiche Verweise und Zitate in *Die Notizen oder Von der unvoreiligen Versöhnung* zeugen.

S. 55 *so hat Max Frisch einmal gesagt*: Unseld beruft sich auf die Rede *Öffentlichkeit als Partner?*, die Frisch anlässlich der Eröffnung der Frankfurter Buchmesse 1958 hielt, bei der Unseld vermutlich auch anwesend war. Die Rede beginnt mit dem

Satz: »Gehört man zu den Schriftstellern, die das leichte Glück haben, dass sie auch in Fällen von Gelingen keinerlei Berufung empfinden, sondern den Beruf des Schriftstellers ausüben, weil ihnen Schreiben noch eher gelingt als Leben und weil für diesen Versuch, das Leben schreibend zu bestehen, der Feierabend nicht ausreicht [...]«; Max Frisch: *Öffentlichkeit als Partner. Äußerungen zu Problemen der Literatur und des Theaters.* Frankfurt a.M.: Suhrkamp 1967, S. 56.

S. 55 *»Mein Name ist Hohl...«*: Unseld beruft sich auf den Bericht von Alexander J. Seiler, der dieses Bonmot in seinem Nachruf auf den Autor kolportiert; vgl. Alexander J. Seiler: *Unversöhnlich fragend nach dem Sinn. Zum Tod von Ludwig Hohl*, in: Tages-Anzeiger (06.11.1980), wiederabgedruckt in: Johannes Beringer (Hrsg.): *Ludwig Hohl. Materialien.* Frankfurt a.M.: Suhrkamp 1981, S. 154-157.

S. 55 *»Leben ist gleich Kunstprodukt...«*: ein Zitat aus Ludwig Hohl: *Die Notizen oder Von der unvoreiligen Versöhnung*. Frankfurt a.M.: Suhrkamp 1981, II/119, S. 98.

S. 55 *Nuancen und Details*: Anspielung auf Hohls erstes *Notizenwerk*, das vor dem Hauptwerk *Die Notizen oder von der unvoreiligen Versöhnung* in drei Teilen erschienen ist: Teile *I* und *II* 1939 im Oprecht-Verlag, Teil *III* 1942 im Selbstverlag in Genf; Neuausgabe zu Lebzeiten als Walter-Druck Nr. 3 (1964) mit einem Nachwort von Helmut Heißenbüttel; seit 1975 in der Bibliothek Suhrkamp erhältlich.

S. 56 *»Arbeit ist immer ein Inneres ...«*: Unseld zitiert hier aus *Nuancen und Details* (II/52).

S. 56 *»Die kleinste Schwere stört ...«*: ebenfalls ein Zitat aus *Nuancen und Details* (II/50).

S. 56 *»Da ich ›freier Schriftsteller‹ bin ...«*: ein Zitat aus dem *Bericht über Artemis*, den Unseld offensichtlich kannte (s. S. 13).

S. 57 *in seinem Keller in Genf besuchte*: In Unselds Reisebericht vom 18. und 19. Januar 1971 erinnert er sich: »Ich saß hinter einem der zwei Tische, die nebeneinander aufgestellt waren, er ging vor diesen beiden Tischen auf und ab. Er schwieg viel, wenn er redete, so war die Rede sehr bewegt, von Murmeln bis zum Donnergrollen. Unvorstellbares Kellerzimmer, 10 auf 4 Meter, rauchgeschwärzte, abblätternde Decke, primitive Koch- und Waschgelegenheiten, Stapel von Papier und alten Zeitungen, eine Wäscheleine läuft quer durchs Zimmer [...]. Das Ganze hat den Anschein chaotischer Unordnung, doch sehr merkwürdig: Hohl findet immer alles, seine Bücher, die auf einem Regal zusammenstehen, Rezensionen, Briefe, die in ungeheuren Stapeln auf dem Tisch herumliegen.« Siegfried Unseld: *Chronik 1971*, hrsg. von Ulrike Anders, Raimund Fellinger und Katharina Karduck. Berlin: Suhrkamp 2014, S. 21 ff.

S. 57 *Gottfried Keller*: In den *Notizen* (IX/39) wird Keller etwa mit »dilettantischen Schreibern« (ebd., S. 578) gleichgesetzt und seine Lyrik richtiggehend zerpflückt, zugleich aber auch darauf hingewiesen, dass es »überhaupt weniger auf Gottfried Keller ankam, als darauf, die Zustände einer Literatur, eines literarischen Lebens (oder Todes) zu zeigen, in dem der Ruhm solcher Gedichte bis heute unerschütterlich steht« (ebd., S. 584).

S. 58 *»Die wahren Schriften ...«*: Unseld zitiert hier aus den in Vorbereitung befindlichen *Nachnotizen*; ders.: *Von den hereinbrechenden Rändern*. Frankfurt a.M.: Suhrkamp 1986, Nr. 424, S. 304.

S. 59 *Telefonrechnungen soll immer Dürrenmatt bezahlt haben*: Tatsächlich sind in Ludwig Hohls Nachlass im Schweizerischen Literaturarchiv (SLA-Hohl-C-03-a) zwei Abschnitte von Einzahlungsscheinen vorhanden, die Dürrenmatt selbst ausgefüllt und mit dem Vermerk versehen hat: »Telephon bezahlt, herzlichste Grüsse, Dürrenmatt«.

S. 59 *Vertrag mit der Arche*: Gemeint ist der Zürcher Arche-Verlag, geleitet von Peter Schifferli, bei dem der junge Dürrenmatt vor seinem Wechsel zu Diogenes unter Vertrag stand und sich in dieser Position auch darum bemühte, Ludwig Hohl unterzubringen.

S. 59 *Mein Weg*: Die kurze autobiographische Skizze von 1955 ist publiziert in: Ludwig Hohl: *Mut und Wahl. Aufsätze zur Literatur.* Frankfurt a.M.: Suhrkamp 1992, S. 83-85.

S. 59 *Albin Zollinger*: Das kleine Bändchen mit ausgewählten Briefen von Albin Zollinger an Ludwig Hohl und Hohls letztem Brief an Zollinger, einem Nachruf, zeugt von ihrer tiefen Verbundenheit; vgl. Heinz Weder (Hrsg.): *Briefe von Albin Zollinger an Ludwig Hohl.* Bern und Stuttgart: Verlag Hans Huber 1965.

S. 60 *Wolfgang Koeppen liest …*: steht so nicht im Originaltyposkript. Darin findet sich neben dem Abschnitt, in dem Unseld die lesenden Autoren begrüßt, die handschriftliche Notiz: »Wolfgang Koeppen anst. M.W.«. Wolfgang Koeppen war kurzfristig angefragt worden, da Martin Walser verhindert war. Der Satz ist von der Herausgeberin nach der Aufzeichnung von Unselds Rede, die online zum Nachhören zur Verfügung steht, eingefügt worden (unter: https://www.dichterlesen.net/veranstaltungen/detail/matinee-in-zuerich-1984-ludwig-hohl-veranstaltung-in-zuerich-2612, abgerufen am 09.06.2023).

S. 61 *Madeleine Hohl*: Partnerin und Ehefrau Ludwig Hohls in seinen letzten Lebensjahren. Sie hat nach seinem Tod mit der Unterstützung von Freunden Hohls seinen Nachlass inventarisiert und dessen Übernahme ins Schweizerische Literaturarchiv organisiert. Sie stand in engem Kontakt mit Siegfried Unseld und hat, später auch als Mitglied des Stiftungsrats der Ludwig Hohl Stiftung, zur weiteren Verbreitung seines Werks beigetragen.

EDITORISCHE NOTIZ

Der auf den 1. Januar 1949 datierte *Bericht über Artemis. Meine durch den Artemis-Verlag geschaffene Lage* wurde von Ludwig Hohl als hektographierte Kopie an Freunde, Bekannte und Personen des Schweizerischen Literaturbetriebs und darüber hinaus versandt.[1] Somit ist der *Bericht über Artemis* im strengsten Sinne publiziert.[2] Abgesehen von einer Konsultation des Nachlasses von Ludwig Hohl im Lesesaal des Schweizerischen Literaturarchivs in Bern war er bisher jedoch nicht fassbar und wird mit dieser Edition erstmals breit zugänglich gemacht.

Der *Bericht über Artemis* ist ein Zeugnis der Handlungsfähigkeit eines Textes. Er ist selbst Beweis der von Ludwig Hohl verzweifelt argumentierten Tatsache, dass ein Text erst dann vollumfänglich wirken kann – zum Werk wird –, wenn er publiziert und rezipiert werden kann. Die lawinen-

1 Die Liste der Empfänger ist im Nachlass erhalten (SLA-Hohl-B-2-b-486; vgl. Bildteil, Abb. 2). Es handelt sich um rund 100 Adressatinnen und Adressaten.

2 Dieser Status unterscheidet den *Bericht über Artemis* von den anderen edierten Berichten Ludwig Hohls.
Im Materialien-Band zu Ludwig Hohl wird der *Bericht über Artemis* ebenfalls als publiziert aufgeführt; vgl. Johannes Beringer (Hrsg.): *Ludwig Hohl. Materialien*. Frankfurt a. M.: Suhrkamp 1981, S. 222.

artigen Vorgänge, die der *Bericht über Artemis* bewirkte, werden im Nachwort erläutert.

Grundlage für die vorliegende Lesefassung bildet eine textgetreue Transkription des Typoskripts des *Berichts über Artemis* aus dem literarischen Nachlass von Ludwig Hohl (SLA-Hohl-B-02-b.14.472).

Im Nachlass sind fünf Kopien des *Berichts über Artemis* erhalten. Auf vieren davon sind wenige undeutlich kopierte Stellen, die mit Bleistift von Hand nachgefahren wurden. Weitere Bearbeitungsspuren finden sich darin keine. Beim fünften Exemplar handelt es sich mutmaßlich um Ludwig Hohls Handexemplar (vgl. Bildteil, Abb. 1a bis Abb. 1c von den Seiten 1, 16 und 23). Es weist Spuren von Heftklammern an der linken Längsseite auf und in der linken oberen Ecke eine Vielzahl kleiner Löcher, eventuell von Reißzwecken oder Stecknadeln. Mit Bleistift steht auf der ersten Seite neben den Löchern geschrieben: »(Wand)«, was vermuten lässt, dass Hohl diesen Bericht aufgehängt hatte. Das Papier dieses Exemplars ist fragil, vergilbt und einzelne Blattränder sind beschädigt. Das Dokument enthält Spuren von Klebstreifen, womit Risse geflickt wurden. Es finden sich einzelne Unterstreichungen mit Bleistift und auf Seite 16 mit Tinte ein Asterisk (nach »[...] lichterloh!*«) und die Anmerkung unten an der Seite: »*Retusche: Er brannte weiter. Febr. 50 Hohl.« Ludwig Hohl hat also noch über ein Jahr nach dem Verfassen und Publizieren des *Berichts über Artemis* Bearbeitungen vorgenommen.

Auf orthographische Modernisierungen oder Normalisierungen in den Transkriptionen wurde grundsätzlich verzichtet. Emendiert sind nur offensichtliche Tippfehler. Alle

Sofortstreichungen oder nachträgliche handschriftliche Änderungen im Typoskript sind als Korrekturstufe letzter Hand berücksichtigt. Emphasen markierende Sperrungen oder Unterstreichungen werden im Druck kursiv wiedergegeben. Hohl hat meist bei erster Nennung Namen von Personen oder Institutionen gesperrt gesetzt. Dies wurde so übernommen, und Uneinheitlichkeiten wurden nicht korrigiert. Die Titel von Ludwig Hohls Werken werden vereinheitlicht kursiv dargestellt; im Typoskript wurden *Die Notizen oder Von der unvoreiligen Versöhnung* meist als DIE NOTIZEN bezeichnet und die weiteren Buchtitel in Anführungszeichen gesetzt. Das auf Hohls Schreibmaschine nicht vorhandene scharfe Eszett-Zeichen »ß« ist nach den heute geltenden Regeln umgesetzt.

Das in Ludwig Hohls Nachlass befindliche, sehr umfangreiche Dossier zum Prozess gegen Artemis (SLA-Hohl-B-02-b-13) enthält neben den Notizen und Zusammenstellungen Hohls zahlreiche Briefwechsel zum *Bericht über Artemis* und die den Prozess vorbereitenden Materialien und Belege. Auch die gesamten Unterlagen und Korrespondenzen des eigentlichen Prozesses vor zwei Gerichten[3] sowie Reaktionen und Zeitungsberichte, aber auch polemisch-amüsante Blütenlesen und Kommentare Hohls während des Prozesses liegen vor. Ebenfalls die dem gewonnenen Prozess folgende Drucklegung des zweiten Ban-

3 Im Dossier B-2-b-564, *Handelsgerichts-Akten gestempelt vom Gericht*, sind sämtliche von Hohl im *Bericht über Artemis* zitierten Originaldokumente enthalten, die während des Prozesses dem Gericht vorlagen und allesamt den Stempel des Zürcher Handelsgerichtes tragen.

des von *Die Notizen oder Von der unvoreiligen Versöhnung* ist mit Unterlagen, Korrekturabzügen und Korrespondenzen ausführlich nachvollziehbar. Um einen Eindruck des umfangreichen und heterogenen Aktenbestandes zu geben, wird eine Auswahl an Dokumenten im vorliegenden Band abgebildet. Auch im restlichen Nachlass finden sich Bezüge zum Prozess mit dem Artemis-Verlag. So in Ludwig Hohls *Agenden*, die er zwischen 1931 und 1979 führte. Eines dieser oft nur handtellergroßen, selbst genähten Papierheftchen umfasst die Zeit vom 1. Oktober 1947 bis 31. März 1950. Darin sind unter anderem die Geschehnisse und Abläufe rund um die Verfassung und Verbreitung des *Berichtes über Artemis* und die Vorbereitung des Prozesses dokumentiert. Die Geburt von Hohls Tochter Adèle fällt ebenfalls in diese Zeit. Die kurze Notiz dazu, die in späteren Einträgen ergänzt wurde mit Angaben zu Trinkgewohnheiten und Gewichtszunahme des Kindes, verdeutlicht die Dringlichkeit, mit welcher eine Lösung mit dem Artemis-Verlag gefunden werden musste, da Hohls Einkommen und somit die Existenz der Familie davon abhing. (Mit eckigen Klammern sind Eingriffe der Herausgeberin markiert):

> 1948: *8. Sept.* – Beidler; *Ende Okt.* Straffung der Sache Artemis (Sumpf und Dreck) *Bericht über Artemis* beg[onnen]; *7. Dez. 48 Ber*[icht] *Über Artemis* beendet (30 bzw. 35 S.); *Anfang Dez.* Kossodo verspricht d[e]fin[initiv] Übernehmen des Hektographierens
> 1949: *22. Jan.* (Samstag, halb 12 Uhr) *Bericht über Artemis* in hektogr[aphischer] Reproduktion vollendet (23 S.);

10. März Zürich; *19.3.* Dr. Howald (tel): 6.4. An[gekommen] Bericht von Howald: SSV Garantie zu leisten beschlossen; K. eines Ultimatum stellenden Schreibens an Artemis; *29.4.49* Geburt Adèle; *30. Sept.* Kossodo ab nach Amerika!; *20. Okt.* Klage gegen Artemis eingereicht durch Dr. Howald; *26. Okt. Gide und die Geduld* endlich fertig und ab an *Tat* (ersch[eint] 19. Nov.); Ende Dez. Erhalten die Klage-Antwort des Dr. R. Niederer.

Ab 1971 bis zum heutigen Tag hat der Suhrkamp Verlag die Publikationsrechte an Hohls Werk und verlegt dessen Texte. Im erweiterten Nachlass von Hohl (demjenigen Teil der Überlieferung, der durch anhaltende Sammeltätigkeit des Schweizerischen Literaturarchivs (SLA) in Bern stetig wächst), sind umfangreiche Korrespondenzen und verschiedenste Unterlagen erhalten, die eine enge und freundschaftliche Zusammenarbeit zwischen Siegfried Unseld und Ludwig Hohl aufzeigen. Nach Hohls Tod am 4. November 1980 hat seine Frau Madeleine Hohl-de Weiss die Beziehung mit dem Suhrkamp Verlag aufrechterhalten. Mit Unterstützung einer von Ludwig Hohl vor seinem Tod bestimmten Kommission und ab 1985 mit der neu gegründeten Ludwig Hohl Stiftung, erreichte Madeleine Hohl-de Weiss die Edition und Publikation zahlreicher unveröffentlichter Texte Hohls. Am 29. April 1984 fand im Schauspielhaus Zürich eine Suhrkamp-Matinee statt zur Erinnerung an Hohls 80. Geburtstag und gewiss auch zur Bewerbung seiner Bücher. Die von Siegfried Unseld gehaltene Rede wurde Madeleine Hohl-de Weiss danach zugesandt und ist im Nachlass erhalten (SLA-Hohl-B-2-b-353.1). Der direkte Bezug auf den *Bericht über Artemis*, den Unseld vornahm, um, davon ausgehend, die Beziehung Autor – Verleger sowie Hohls Werkbegriff zu reflektieren und auf diese Weise zu befrieden, schließt postum einen Kreis.

Alle Abbildungen stammen, wenn nicht anders angegeben, aus dem Nachlass Ludwig Hohls im Schweizerischen Literaturarchiv (SLA), Bern. Mit freundlicher Genehmigung der Ludwig Hohl Stiftung.

Die Herausgeberin dankt der Ludwig Hohl Stiftung (namentlich Marcus Sartorius und Thomas Fries) für den Auftrag, Ariane Lüthi für das professionelle Lektorat, Sandro Zanetti, Anna Stüssi, Magnus Wieland, Antonin Moeri und Barbara Lafond (†) für wertvolle Hinweise und Anregungen.

ZU LUDWIG HOHLS ›BERICHTEN‹

In der Bibliothek Suhrkamp erscheinen aus dem Nachlass von Ludwig Hohl fünf Texte, die neben seinen *Notizen* und der Erzählprosa eine weitere, bislang unbekannte Werkkategorie bilden. Hohl nennt sie ›Berichte‹. ›Bericht‹ ist in Literatur und Dichtung kein allgemeiner Gattungsbegriff wie etwa ›Roman‹ oder ›Novelle‹ – ganz im Unterschied zu den überaus häufigen Berichten im Journalismus oder in allen Bereichen der Administration. Dort bezeichnet die Textsorte ›Bericht‹ die eher umfangreichere, möglichst objektive, in den eigenen sprachlichen Mitteln eher diskrete Darstellung eines größeren Sachverhalts, der zu Beginn des Textes bereits abgeschlossen vorliegt (z. B. Bericht über eine politische Entwicklung, Jahresbericht, Schlussbericht).

Trotzdem bezeichnen viele Autoren der Moderne bestimmte Texte in Titel oder Untertitel ausdrücklich als ›Bericht‹ (Franz Kafka, Joseph Roth, Bertolt Brecht, Johannes Bobrowski, Alfred Andersch, Max Frisch, Martin Walser u. v. m.). Auch diesen ›Berichten‹ geht immer etwas bereits Abgeschlossenes voraus (oft eine autobiographische Erfahrung), und tendenziell lässt sich feststellen, dass der Berichterstatter gegenüber dem Berichteten zurücktritt und dass die Texte mit eher nüchternen sprachlichen Mitteln arbeiten. Wichtiger als die Gattungszuordnung scheint dabei für die Literatur die ursprüngliche Bedeutung von ›berichten‹ zu sein, im Sinne von ›berichtigen‹: Literarische Berichte möchten oft ein Geschehnis *ins richtige Licht stellen,* sie dienen der objektiven *Rechtfertigung.* Die Ausgestaltung dieser Zielsetzung kann jedoch sehr verschieden sein und lässt kein allgemeines Muster erkennen.

Von Ludwig Hohl erscheint nun eine relativ geschlossene Gruppe von fünf Texten aus den 1930er- und 1940er-Jahren als *Berichte,* in denen die schonungslose Schilderung bestimmter Milieus, aber auch der eigenen Verfassung viel Raum einnimmt. Den ersten dieser fünf Texte, *Die seltsame Wendung,* benennt Hohl allerdings ausdrücklich als *Novelle,* dessen Einbezug in das Textkorpus bedarf somit vorgängig der Begründung. Die *sprachliche Gestaltung* der *Novelle* unterscheidet sich ganz extrem von Hohls publizierten Texten. In seinem Begriff des geglückten künstlerischen Werks kommen zwei ganz verschiedene Vorstellungen zusammen: die einer langen, ausdauernden Arbeit an der Formulierung und die der Anordnung der Elemente und einer wunderbaren Wandlung der ganzen Mühsal in ein geglücktes Werk. Bestes Beispiel dafür ist die Umschichtung und Umarbeitung seiner berühmten »Zettelwirtschaft« zu den *Notizen. Die seltsame Wendung* erreichte dieses glückliche Stadium nicht, der Text blieb 50 Jahre lang bis zu Hohls Tod trotz wiederholter Bearbeitungen unveröffentlicht. Als *Werk* anerkennen kann Hohl den Text keinesfalls, doch definitiv aufgeben kann er ihn ebenso wenig.

Dieser Charakterzug des Fertig-Unfertigen trifft auf alle nun postum edierten Texte zu. Das liegt an ihrer *sprachlichen Form.* In Bezug auf die eingesetzten sprachlichen

Mittel entsprechen Hohls Texte den genannten Merkmalen des Berichts (Diskretion, Nüchternheit) gerade *nicht*, vielmehr sehen sich Leserin und Leser von Anfang an mit einem bewusst ungehobelten Sprachduktus konfrontiert, wie er für heftige, unkontrollierte *mündliche* Streitrede charakteristisch ist, und in dem gewissenhafte Leserinnen und Leser manche Fehler und einige Geschmacksverirrungen entdecken mögen. Doch für Hohl ist gerade dieser scheinbare Mangel an sprachlicher Gestaltung und Überarbeitung notwendig im Hinblick auf die Authentizität des Mitgeteilten sowie der Mitteilung selbst, das gibt seinen fünf Berichten ihren besonderen Charakter. So gesehen, setzt *Die seltsame Wendung* den Ton nicht nur für sich selbst, sondern ebenso für die nachfolgenden Berichte, die alle in bewusst roher, unbearbeiteter sprachlicher Gestalt daherkommen: auf gewisse Weise ein literarischer *Art brut*.

Der zuweilen wütende Umgang mit dem eigenen Text und die Unmöglichkeit, sich für die Publikation oder die Vernichtung zu entscheiden, verdeutlicht den Charakter des Berichts als *Kampfplatz*. Dafür setzt sich der Autor – und durch ihn die Lesenden – der ungebrochenen Wucht des Berichteten aus. Eine ›gepflegtere‹ Darstellung – so könnte man umgekehrt sagen – hätte die schroffe Gegenüberstellung zur soignierten Welt, die sich gegenüber dem erfolglosen Künstler, den Trinkern, den Verrückten, den Gefangenen und dem ausgelieferten Schriftsteller negativ abgrenzen wird, bloß aufweichen können.

Zusammenfassend lässt sich Hohls Begriff des Berichts – deutlich abgegrenzt von seiner Vorstellung des geglückten künstlerischen Werks – so bestimmen: Primäres Merkmal ist die rohe ›äußerliche‹, an der Mündlichkeit orientierte sprachliche *Form* zur getreuen Übermittlung einer Innensicht. Diese besondere Technik hat Hohl in *Die seltsame Wendung* als Künstlernovelle entwickelt und in den folgenden vier ›Berichten‹ weitergeführt. *Inhaltlich* gesehen steht die möglichst unmittelbare, mündliche Bindung zur vorangegangenen autobiographischen Erfahrung im Vordergrund; dabei beschreibt der Text – anders als in den Berichten des Alltags – zunächst intensiv und schonungslos den Berichterstatter und dessen Umwelt. Aus *textgenetischer* Sicht gehören Hohls fünf *Berichte*, die in einem nicht auflösbaren Korrektur- bzw. Zerstörungsstadium festgefahren sind, zu jener Gruppe von Texten, welche sich vom Autor mit allen Abschlussversuchen auf notwendige Weise nicht abschließen, aber auch nicht vernichten lassen.

Thomas Fries

INHALT